W0381853

Workshops im Requirements Engineering

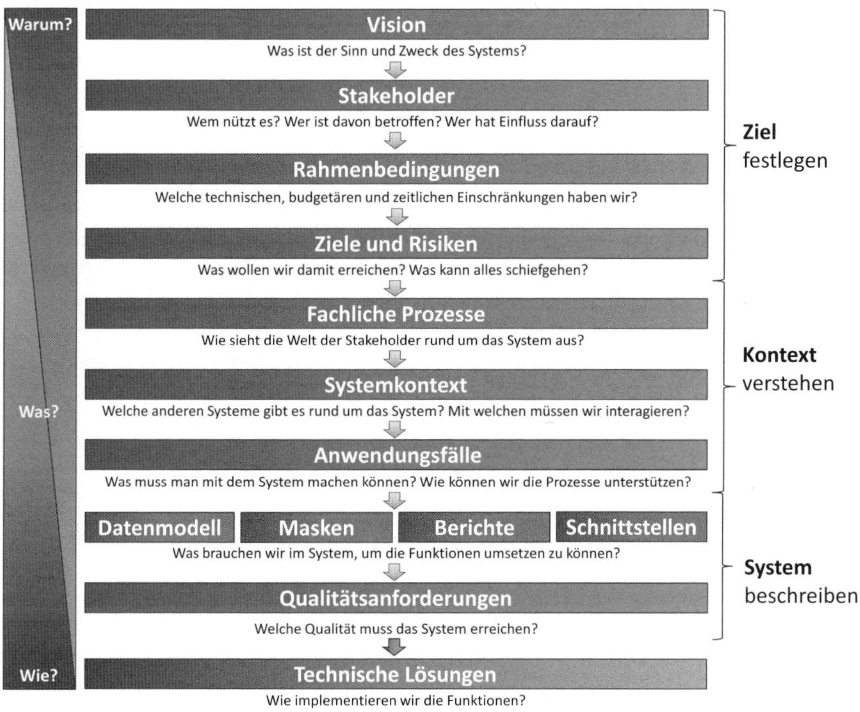

Markus Unterauer hat Wirtschaftsinformatik studiert. In seiner Berufspraxis war er in vielen Bereichen der Softwareentwicklung, wie Architektur, Entwurf, Entwicklung, Testen und Testautomatisierung, tätig. Er lernte dabei sowohl klassische als auch agile Methode intensiv kennen.

Seit 2012 arbeitet Markus Unterauer bei Software Quality Lab als Berater und Trainer. Er ist zertifizierter Scrum Master und hat sich auf die Bereiche Softwareprozesse und Anforderungsmanagement spezialisiert. Markus Unterauer ist als Vortragender in diesen Themenbereichen immer wieder auf Konferenzen tätig.

Papier plus+ PDF.

Zu diesem Buch – sowie zu vielen weiteren dpunkt.büchern – können Sie auch das entsprechende E-Book im PDF-Format herunterladen. Werden Sie dazu einfach Mitglied bei dpunkt.plus+:

www.dpunkt.de/plus

Markus Unterauer

Workshops im Requirements Engineering

Methoden, Checklisten und Best Practices für die Ermittlung von Anforderungen

dpunkt.verlag

Markus Unterauer
m.unterauer@gmail.com
markus.unterauer@software-quality-lab.com

Lektorat: Christa Preisendanz
Copy-Editing: Ursula Zimpfer, Herrenberg
Satz: Birgit Bäuerlein
Herstellung: Susanne Bröckelmann
Umschlaggestaltung: Helmut Kraus, www.exclam.de
Druck und Bindung: M.P. Media-Print Informationstechnologie GmbH, 33100 Paderborn

Bibliografische Information der Deutschen Nationalbibliothek
Die Deutsche Nationalbibliothek verzeichnet diese Publikation in der Deutschen Nationalbibliografie; detaillierte bibliografische Daten sind im Internet über http://dnb.d-nb.de abrufbar.

ISBN 978-3-86490-231-4

1. Auflage 2015
Copyright © 2015 dpunkt.verlag GmbH
Wieblinger Weg 17
69123 Heidelberg

Die vorliegende Publikation ist urheberrechtlich geschützt. Alle Rechte vorbehalten. Die Verwendung der Texte und Abbildungen, auch auszugsweise, ist ohne die schriftliche Zustimmung des Verlags urheberrechtswidrig und daher strafbar. Dies gilt insbesondere für die Vervielfältigung, Übersetzung oder die Verwendung in elektronischen Systemen.
Es wird darauf hingewiesen, dass die im Buch verwendeten Soft- und Hardware-Bezeichnungen sowie Markennamen und Produktbezeichnungen der jeweiligen Firmen im Allgemeinen warenzeichen-, marken- oder patentrechtlichem Schutz unterliegen.
Alle Angaben und Programme in diesem Buch wurden mit größter Sorgfalt kontrolliert. Weder Autor noch Verlag können jedoch für Schäden haftbar gemacht werden, die in Zusammenhang mit der Verwendung dieses Buches stehen.

5 4 3 2 1 0

Vorwort

In jedem Softwareprojekt müssen wir Anforderungen systematisch ermitteln, dokumentieren, prüfen und abstimmen sowie verwalten. Diese Aufgaben werden unter dem Begriff »Requirements Engineering« zusammengefasst [Pohl & Rupp, 2011]. Dieses Buch beschäftigt sich mit dem ersten Schritt, dem Ermitteln von Anforderungen. Als Requirements Engineer bin ich am Ende dann erfolgreich, wenn die gebaute Software es den Anwendern ermöglicht, ihre Ziele zu erreichen und ihre Probleme zu lösen. Dies kann nur gelingen, wenn die Basis dafür stimmt, also die richtigen Anforderungen vollständig ermittelt und verstanden wurden.

Warum ein weiteres Buch zum Ermitteln von Anforderungen?

Es gibt bereits viele Bücher, die das Thema Requirements Engineering sehr umfassend behandeln und gut strukturieren. In diesem Buch möchte ich wichtige Fragen aus der praktischen Arbeit in Workshops beantworten:

- Wie gestalte ich die Workshops zur Ermittlung der Anforderungen?
- Wie ermittle ich in meinem Projekt die Anforderungen wirklich?
- Wie moderiere ich solche Meetings und Workshops?
- Welche Fragen stelle ich? Worauf muss ich inhaltlich achten?
- Womit fange ich an? Was mache ich in den ersten Workshops? Was dann?

Diese Fragen beschäftigen mich und viele meiner Kunden und für diese Fragen möchte ich Antworten bieten. Ich möchte Ihnen konkrete Methoden und Vorgehensweisen an die Hand geben, wie Sie Workshops zur schrittweisen Ermittlung von Anforderungen effektiv gestalten können. Dabei geht es über eine theoretische Betrachtung allgemeiner Methoden hinaus und tief hinein in die Mühen der täglichen Arbeit als Product Owner, Projektleiter, Business Analyst oder Requirements Engineer.

Die hier vorgestellten Methoden habe ich in meinen Projekten erfolgreich eingesetzt und kann guten Gewissens sagen, dass es auf diese Weise funktioniert. Natürlich ist das nur ein möglicher Pfad durch die Anforderungsermittlung. Er basiert auf meinen Erfahrungen in meinen Projekten. Ich bin sicher, dass jedes Ihrer Projekte anders ist. So sind Projekte nun einmal. Manche der hier dargestellten Methoden und Tipps werden Sie daher so nicht anwenden können. Vielleicht greifen Sie nur einen Teil davon heraus, passen ihn an Ihr Projekt an und sind dadurch erfolgreicher. Perfekt! Genau das ist unsere Aufgabe als Requirements Engineer, nämlich alles zu tun, was nötig ist, um es den Entwicklern zu ermöglichen, tolle Software zu bauen, die den Anwendern wirklich hilft. Dabei ist es notwendig, flexibel zu reagieren, vom Plan und der vorgefertigten Methode abzuweichen und Dinge zusätzlich zu tun oder wegzulassen. Haben Sie den Mut dazu. Sehen Sie die hier vorgestellten Methoden und Vorgehensweisen als Werkzeugkasten, aus dem Sie sich nach Bedarf bedienen. Mein Ziel ist erreicht, wenn Ihnen das Buch in Ihrer täglichen Arbeit hilft, bessere Software effizient und effektiv zu spezifizieren und zu bauen.

Weil ein bloßes Sammelsurium von Methoden nur bedingt verständlich ist, sind die Kapitel in diesem Buch entlang einer durchgängigen Vorgehensweise angeordnet. In dieser werden die Anforderungen an ein Softwareprodukt ausgehend von einer groben Vision über konkrete fachliche Ziele bis hin zu den dafür benötigten Systemfunktionen systematisch erarbeitet.

Dieses Vorgehen und die ausgewählten Methoden haben sich vor allem in Projekten zur Erstellung von individuellen Softwarelösungen für interne oder externe Kunden sehr gut bewährt. Bei der Erstellung von Standardsoftware müssen Sie die eine oder andere Methode oder Checkliste anpassen. Gerade die Fragen »Wer sind meine Kunden? Wen kann ich um die Anforderungen fragen?« sind hier etwas anders anzugehen als bei anderen Projekten. Die grundsätzliche Vorgehensweise und die Idee, Workshops zur Anforderungsermittlung einzusetzen, helfen aber auch in solchen Produktentwicklungsvorhaben.

Ein Wort des Dankes

Im Frühjahr 2013 habe ich an der Johannes Kepler Universität in Linz ein Seminar zum Thema »Basis-Moderations- und Präsentationstechniken« bei Andrea Zellinger besucht. Dieses Seminar hat die Art, wie ich an Meetings und Workshops herangehe, grundlegend verändert. Andrea hat mir beigebracht, wie man Workshops zielorientiert aufbaut und die Teilnehmer strukturiert und professionell zum geplanten Ergebnis führt. Ohne dieses Seminar und die extrem motivierende Leitung von Andrea wäre dieses Buch wohl nie entstanden. Vielen Dank dafür!

Danke auch an meine Kolleginnen und Kollegen bei Software Quality Lab, die mich immer wieder von meinem gewohnten Trott abbringen und mir neue Wege zeigen, wie man Softwareentwicklung noch ein wenig besser machen kann. Ihr seid die Besten!

Einen besonderen Dank möchte ich an meinen guten Freund Roman Schacherl richten, der mich an vielen Abenden am Billardtisch zwar spieltechnisch völlig demoralisiert hat, mir dafür aber in spannenden Diskussionen rund um Softwareprojekte geholfen hat, auf den Punkt zu bringen, was unsere Aufgabe als Requirements Engineer ist. Danke Roman! ... und das nächste Mal gewinne ich. Danke auch an Karin Huber und Rainer Stropek für das Review und euer tolles Feedback!

Und danke natürlich an das Team vom dpunkt.verlag, allen voran Christa Preisendanz. Das Feedback und die strenge, aber immer objektive und konstruktive Kritik aller Reviewer haben das Buch deutlich besser gemacht.

Inhalt

Anhang

1 Einleitung

1.1 Meine Vision für die Anforderungsermittlung

Anforderungsermittlung bedeutet, den Kunden zu verstehen und zu begreifen, was er macht. Es bedeutet, herauszufinden, wofür er die Software braucht, was sie können muss und wie die wesentlichen Funktionen laufen sollen.

Ein tiefes Verständnis der Probleme, Ziele und Bedürfnisse unserer Kunden ist das Fundament für alle Anforderungen. Basierend darauf können wir gemeinsam mit Anwendern und Entwicklern herausfinden, was die Anforderungen an die neu zu erstellende oder zu ändernde Software sind. Dieses Verständnis für den Kunden und seine Anforderungen müssen wir dann zu denjenigen transportieren, die die Software bauen. Diese müssen es so umsetzen, dass das System am Ende unseren Kunden hilft, ihre Ziele zu erreichen und Probleme zu lösen. Das Verständnis für den Kunden, seine Ziele und Probleme ermöglicht mir als Requirements Engineer, die richtigen Fragen zu stellen, und dem Entwickler, die richtigen Entscheidungen bei der Umsetzung zu treffen.

Meiner Meinung nach ist es nicht immer zwingend notwendig, alles bis ins kleinste Detail vorab auszuspezifizieren. Wenn die Entwickler Erfahrung in der Fachdomäne und mit der eingesetzten Technologie haben, kann ich Detailentscheidungen getrost ihnen überlassen. Haben die Entwickler diese Erfahrung nicht oder ist ein neuer Umsetzungspartner mit im Boot, muss wesentlich genauer erhoben und spezifiziert werden. Es ist meine Aufgabe als Requirements Engineer, zu erkennen, welchen Grad an Spezifikation ein Projekt erfordert, und mein Vorgehen danach anzupassen. Ziel ist nicht die perfekteste Spezifikation oder die Verwendung einer bestimmten Methode, sondern Software, die unsere Kunden weiterbringt!

1.2 Von anderen lernen

Bevor wir uns ins Ermitteln von Anforderungen für Softwaresysteme stürzen, möchte ich Ihnen eine kleine Geschichte zum Thema Umgang mit Kunden und deren Anforderungen in einem völlig anderen Umfeld erzählen:

Erinnern Sie sich noch an Ihren letzten Autokauf? Bei mir war das vor gut zehn Jahren. Ich betrat den Schauraum des Autohändlers meines Vertrauens. Sofort sprang Herr G., der Topverkäufer vor Ort, auf, kam auf mich zu und begrüßte mich herzlich. Er fragte mich freundlich, wie er mir helfen könne. »Ich brauche ein neues Auto, mein altes ist vorige Woche zusammengefallen«, brachte ich es gleich auf den Punkt. »Oje! Na dann schauen wir mal. Wo wohnen Sie denn, Herr Unterauer?«, fragte mich Herr G. Es folgte ein nettes Gespräch, in dem er sich nach meiner Wohnsituation erkundigte, meinem Job, ob ich Kinder hätte, wohin ich in Urlaub fahre und was ich gerne in meiner Freizeit mache. Kaum mal ein Wort von einem Auto. Dafür hatte Herr G. am Ende ein sehr gutes Bild davon, wie mein Alltag so aussieht und wofür ich denn ein Auto überhaupt brauche.

Erst jetzt fragte er mich, was ich mir vorgestellt hätte. Ha! Ich hatte mir schon eine genaue Liste gemacht: Nicht allzu groß sollte es sein, nicht zu teuer, mit Klimaanlage, CD-Player, geringem Verbrauch und langer Lebensdauer. Ein Sportlenkrad und Nebelscheinwerfer wollte ich auch unbedingt haben. Den Allradantrieb, der eigentlich auf meiner Liste gestanden hatte, hatte ich gedanklich während des Gesprächs schon gestrichen. Herr G. hörte sich das alles an, machte sich Notizen und zog dann einige Prospekte hervor, die er mir in die Hand drückte. »Ich möchte Ihnen mal etwas zeigen, Herr Unterauer«, sagte er und führte mich zu einem schicken Mittelklassewagen. Er beschrieb mir die Ausstattung, die Vorzüge, die ewige Lebensdauer und garantierte Pannenfreiheit des Wagens. Das gefiel mir alles sehr gut! Als ich dann allerdings auf das Preisschild schielte, begann meine linke Gesichtshälfte unkontrolliert zu zucken. Der Wagen war zwar toll und hatte alles, was ich zuvor aufgezählt hatte, war aber aufgrund der Größe und Ausstattung dramatisch zu teuer. Herr G. reagierte sofort und bugsierte mich sachte zu einem sportlich angehauchten Kleinwagen. Was soll ich sagen: Der war es! Herr G. plauderte beim Auto noch ein wenig mit mir, hatte aber natürlich längst gemerkt, dass wir den perfekten Wagen für mich gefunden hatten.

Obwohl ich mich kaum losreißen konnte, setzten wir uns als Letztes vor den Computer von Herrn G. Jetzt ging die technische Detailarbeit los. Welches Getriebe, welche Motorisierung, welches Radio, welche Sitzbezüge, Felgen, Lackfarbe und ungefähr noch 20.000 weitere Fragen hatte Herr G. auf seiner Checkliste. Da musste ich jetzt durch. Eine halbe Stunde später verließ ich verschwitzt, aber glücklich das Autohaus. In meiner Tasche hatte ich den Kaufvertrag für mein nagelneues Auto.

Wir können für die Ermittlung von Anforderungen in Softwareprojekten eine Menge von diesem Beispiel aus dem »richtigen Leben« lernen:

1. **Mit Zielen und Nutzen beginnen:**
   Starten Sie wie Herr G. mit der Frage nach den Zielen und dem »Warum brauchen Sie das?«. Lernen Sie die Welt der Stakeholder kennen. Nur wenn wir das Ziel kennen, können wir die optimale Lösung finden. Unsere Stakeholder kommen mit einem bunten Mix aus Zielen, Nutzen, Problemen und konkreten technischen Lösungsideen zu uns. Es ist unsere Aufgabe, die Stakeholder etwas zu bremsen und herauszuarbeiten, was der Zweck des Systems ist, welche Ziele damit erreicht und welche Probleme gelöst werden sollen.
2. **Anforderungen schrittweise verfeinern:**
   Wenn Sie wissen, was die Ziele sind, erarbeiten Sie die Anforderungen vom Groben zum Feinen. Die zentrale Frage ist hier: »Was soll das System können?« Beginnen Sie mit groben Anforderungsblöcken, präzisieren Sie sie für die Planung und Budgetierung so weit, dass Sie sie schätzen können, und spezifizieren Sie sie für die Umsetzung dann detailliert aus.
3. **Ständig dazulernen:**
   Als Requirements Engineer lernen wir zu Beginn die Sprache der Stakeholder und was diese wollen. Unsere Stakeholder lernen, was sie wirklich brauchen und was mit der gegebenen Technologie alles möglich ist. Alle gemeinsam lernen wir, wie wir am besten zusammenarbeiten können, damit wir die Ziele erreichen. Da dieses Lernen im ganzen Projektverlauf weitergeht, ist es völlig natürlich, dass sich die Anforderungen ändern. Unsere Stakeholder dachten vielleicht zu Beginn des Projektes, sie würden für eine bestimmte Aufgabe einen gedruckten Bericht benötigen, schlussendlich stellt sich aber heraus, dass eine reine Bildschirmanzeige die bessere Lösung ist. Rechnen Sie also fix mit Änderungen!

PS: Ich habe meinen Wagen mittlerweile schon zehn Jahre und er bringt mich immer noch ohne Pannen oder größere Reparaturen überall hin. Danke Herr G.! Wenn uns das in unseren Softwareprojekten ebenso gelingt, sind wir schon einen großen Schritt weiter.

1.3 Anforderungen schrittweise ermitteln

In meiner Praxis hat sich folgendes schrittweise Vorgehen zum Ermitteln von Anforderungen bewährt:

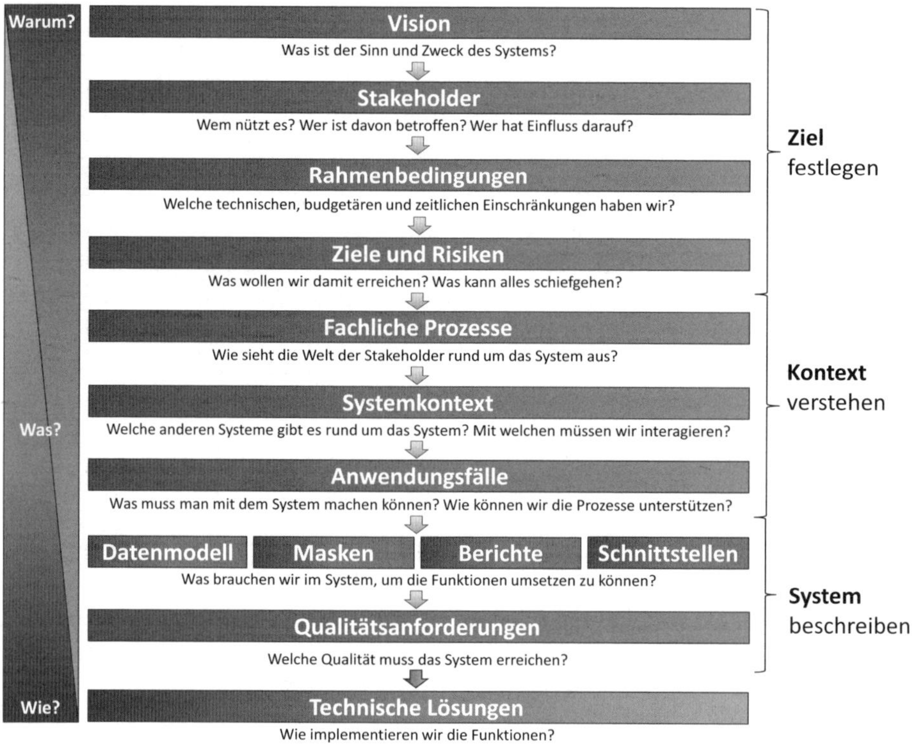

Abb. 1–1 *Anforderungen schrittweise ermitteln und verfeinern*

Beginnen Sie damit, herauszufinden, was der Auftraggeber mit dem System erreichen will. Lernen Sie seine Welt kennen und verstehen. Je besser Ihnen dieser erste Schritt gelingt, desto bessere Fragen werden Sie stellen können und desto besser wird das neue System den Anwendern helfen, ihre Probleme zu lösen und Ziele zu erreichen. Erst danach beschreiben Sie, was das System können und wie es aussehen soll.

Die linke Seite in Abbildung 1–1 zeigt die Fragen, die uns im Laufe der Zeit leiten. Beginnend mit dem »Warum?« über das »Was?« kommen wir erst am Ende zum technischen »Wie?« Diese Trennung verläuft nicht immer klar und eindeutig. Wenn Sie sich in einer frühen Phase in einer technischen Detaildiskussion verzetteln, ist das kein Drama. Notieren Sie die wichtigsten Punkte für später und kehren Sie dann wieder zur ursprünglichen Fragestellung zurück.

Der Mittelteil von Abbildung 1–1 beschreibt die einzelnen Themen, die Sie Schritt für Schritt bearbeiten. Beginnen Sie mit dem Systemzweck, den wesentlichen Geschäftszielen und den großen Funktionsbereichen. Diese werden oft gemeinsam mit den wichtigsten Rahmenbedingungen vom Projektsponsor vorgegeben. Aus dem Zweck und den Funktionsbereichen können Sie ableiten, wer die Stakeholder sind. Mit den Stakeholdern können Sie erarbeiten, welche konkreten Ziele erreicht und welche Probleme an der aktuellen Situation gelöst werden sollen. Beschreiben Sie auf grober Ebene die aktuelle Systemlandschaft und die fachlichen Prozesse, in die das neue System eingebettet sein wird.

Gemeinsam mit den Stakeholdern entwerfen Sie, was das System können muss und wie die fachlichen Prozesse der Anwender unterstützt werden können. Diese als Anwendungsfälle spezifizierten Funktionen bilden das zentrale Element der funktionalen Spezifikation. Zu den Anwendungsfällen ergänzen Sie die notwendigen Daten, Masken, Berichte und Schnittstellen (siehe Abb. 1–2).

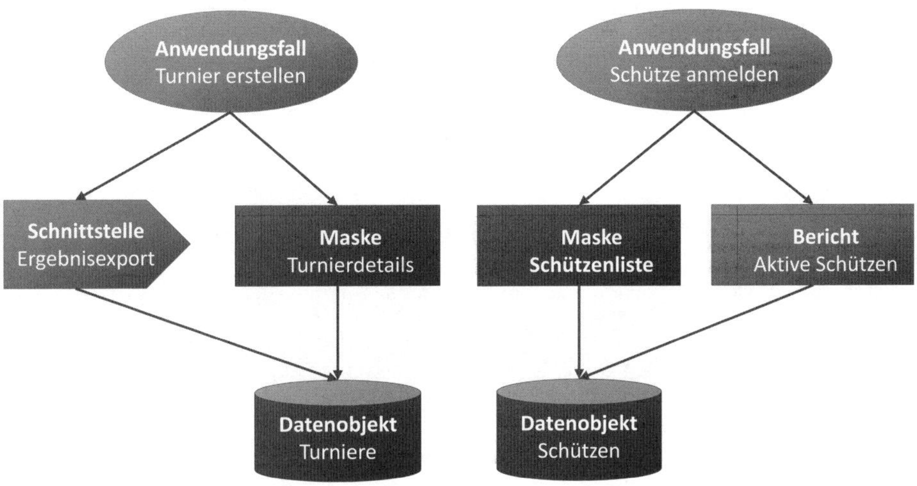

Abb. 1–2 *Systemfunktionen als Anwendungsfälle spezifizieren und dafür Daten, Masken, Berichte und Schnittstellen beschreiben*

All diese Informationen zum »Warum?« und »Was?« bilden gemeinsam eine solide Grundlage für den Entwurf des technischen Lösungskonzeptes.

1.4 Anforderungsermittlung als iterativer Prozess

Diese Vorgehensweise scheint auf den ersten Blick dem klassischen »Big Design Upfront«-Ansatz zu folgen, bei dem erst das gesamte System vollständig und bis ins Detail spezifiziert werden muss, bevor mit der Umsetzung begonnen werden darf. So können Sie es zwar machen, ich empfehle es aber nicht.

Besser ist es, sich an agilen Prinzipien zu orientieren[1]. Das bedeutet, Sie beginnen mit dem Systemzweck, den Zielen und den Stakeholdern. Die darauf-

1. Eine gute Einführung in agile Methoden finden Sie z.B. in [Beck et al., 2001] und [Schwaber, 2004].

folgenden Schritte werden stark überlappend durchgeführt, indem Sie für alle Ebenen immer erst eine Liste mit Überschriften sammeln und deren Inhalte und Details im Laufe der Zeit ausarbeiten, sobald die Umsetzung bevorsteht.

Beispielsweise erstellen Sie mit den Stakeholdern zuerst eine Liste der zu unterstützenden Geschäftsprozesse. Diese priorisieren Sie nach Nutzen. Die wichtigsten 1–5 Prozesse, die schon im ersten Release unterstützt werden müssen, sehen Sie sich nun genauer an. Nur für diese Top-5-Prozesse leiten Sie Anwendungsfälle und genaue Anforderungen ab. Diese werden dann im ersten Release umgesetzt. Während der Umsetzung beginnen Sie mit der Spezifikation des nächsten Release. Das heißt, Sie wählen aus der Liste der Geschäftsprozesse die nächsten aus, spezifizieren Sie genauer, leiten Anwendungsfälle ab usw.

Das Grundprinzip dieser Vorgehensweise ist: Wir spezifizieren so spät wie sinnvoll möglich. James Shore spricht hier vom »latest responsible moment« [Shore, 2007]. Es wird lediglich das genau ausspezifiziert, was in der nächsten Zeit umgesetzt wird. Alles andere wird nur grob abgesteckt [Bergsmann, 2014] (siehe Abb. 1–3).

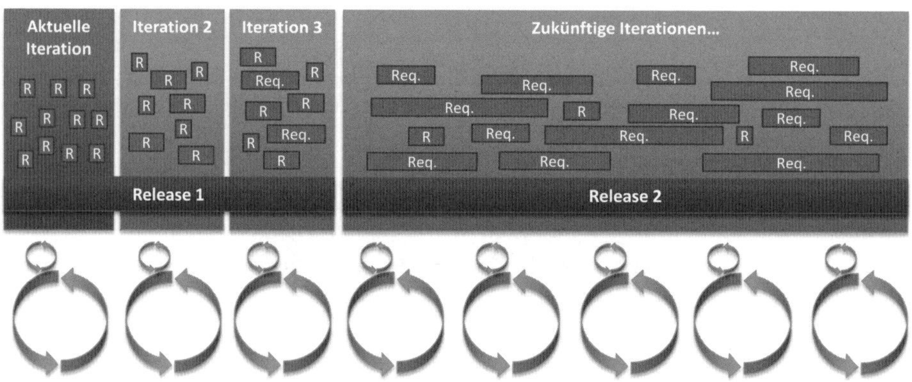

Abb. 1–3 *Je näher die Umsetzung, desto genauer wird spezifiziert (Grafik angelehnt an [Ambler & Lines, 2012] und [Bergsmann, 2014]).*

Auf diese Weise vermeidet man, dass Dinge spezifiziert werden, die am Ende doch nicht gebraucht oder völlig anders umgesetzt werden. Einer meiner Kunden erzählte beispielsweise, er hatte in einem seiner Projekte Hunderte Stunden in ein 210-seitiges Spezifikationsdokument investiert. Umgesetzt wurde lediglich ein Drittel, den Rest hatten die Entwickler nicht einmal mehr gelesen. Solche »write only«-Spezifikationen wollen wir vermeiden.

Darüber hinaus verteilt sich der Aufwand für die Anforderungsermittlung besser auf das gesamte Projekt (siehe Abb. 1–4 [Bergsmann, 2014]).

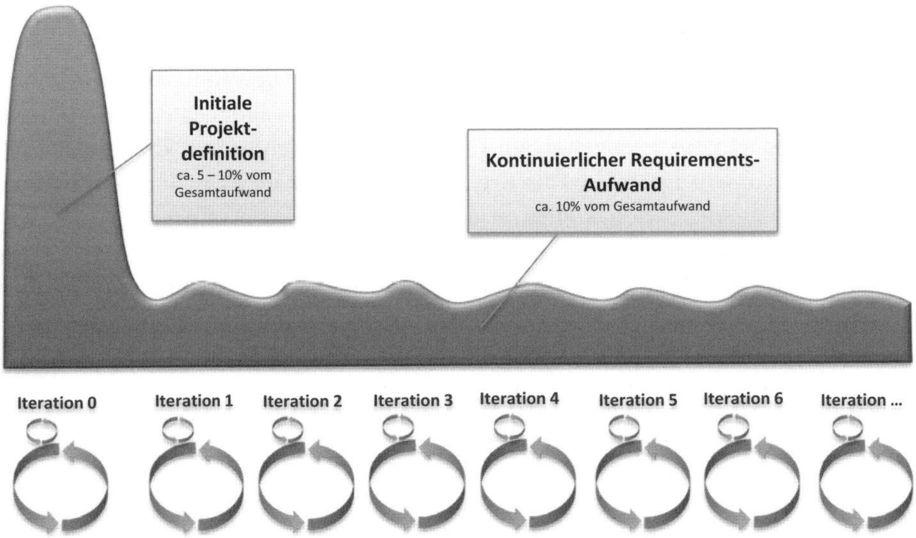

Abb. 1–4 *Aufwand für Anforderungsermittlung verteilt sich über das ganze Projekt.*

Ein weiterer wichtiger Aspekt, den wir bei der Ermittlung von Anforderungen berücksichtigen müssen, ist, dass wir und unsere Stakeholder zu Beginn gar nicht alle Anforderungen kennen. Wir können sie also auch mit noch so viel Aufwand nicht ermitteln. Unser Vorgehen muss uns also ermöglichen, ständig dazuzulernen und das bisher Erreichte zu hinterfragen und zu korrigieren. Wir müssen es dafür unseren Stakeholder so einfach wie möglich machen, Feedback zu geben und möglichst eng mitzuarbeiten [Grau & Lauenroth, o.J]. Je besser eine Methode das Feedback und die Zusammenarbeit mit unseren Stakeholdern unterstützt, desto besser hilft sie uns in unseren Projekten.

1.5 Workshops und andere Techniken

In diesem Buch geht es um den Einsatz von Workshops zur Ermittlung von Anforderungen. Neben Workshops gibt es natürlich noch zahlreiche andere Methoden und Techniken zum Ermitteln von Anforderungen, die Sie ergänzend oder alternativ zu Workshops einsetzen können. Die folgenden stellen eine kleine Auswahl dar [IREB C.-A. , 2012; Ebert, 2014]:

- **Diskussion und Besprechung:**
  Die einfachste Form, ein Thema zu behandeln, ist eine einfache Besprechung. Alle Teilnehmer sitzen an einem Tisch und jeder soll sich zum Thema äußern. Ein Moderator achtet darauf, dass sich alle einbringen, dass die Diskussion beim Thema bleibt und protokolliert Ergebnisse.

- **Interview und Fragebogen:**
  Ein Interview ist eine mehr oder weniger strukturierte mündliche Befragung. Interviews können eingesetzt werden, wenn ein Thema mit einzelnen Personen im Detail beleuchtet oder die Meinungen verschiedener Personen unabhängig voneinander eingeholt und verglichen werden sollen. Ein Beispiel für den Einsatz von Interviews als Ergänzung zu Workshops ist die Detailausarbeitung von Anwendungsfällen, wie in Abschnitt 11.3 beschrieben.

  Ein Fragebogen ist eine schriftliche Befragung. Der große Vorteil dabei ist, dass er statistisch auswertbare und vergleichbare Ergebnisse von einer großen Menge an Personen möglich macht. Setzen Sie ihn immer dann ein, wenn Sie rasch viele Personen, z.B. potenzielle Anwender oder Kunden, zu einem klar definierten Thema befragen wollen.
- **Feldbeobachtung und »In die Lehre gehen«[2]:**
  Bei der Feldbeobachtung sehen Sie sich als Requirements Engineer einen Ablauf in freier Wildbahn an. Daraus leiten Sie dann Anforderungen ab. Ein Beispiel für den Einsatz einer Feldbeobachtung als Ergänzung zu Workshops finden Sie in Abschnitt 9.3.

  Das »In die Lehre gehen« geht eine Stufe weiter als die Feldbeobachtung. Hier sehen Sie nicht nur zu, sondern führen den Prozess selbst aus. Natürlich lernt man so am meisten über die Anforderungen an das neue System.
- **FMEA (Failure Mode and Effects Analysis):**
  Bei einer FMEA bewerten Sie für alle Komponenten eines Systems, welche Fehler auftreten können, welche Auswirkungen diese Fehler haben und wie oft sie auftreten werden. Dafür leitet man dann Gegenmaßnahmen ab. FMEA sind im sicherheitskritischen Bereich üblich und durch Normen gefordert [Spillner et al., 2014].
- **Systemarchäologie:**
  Wenn man ein bestehendes Altsystem ablösen oder erweitern muss, ist es oft notwendig, sich in die Dokumentation oder den Quellcode des Altsystems hineinzugraben. Diese Technik der Gewinnung von Anforderungen nennt man Systemarchäologie.
- **Dokumentanalyse:**
  Viele Anforderungen kommen aus gesetzlichen Vorgaben, Normen und Verträgen. Auch solche Anforderungen können wir nicht in Workshops ermitteln, hier müssen wir die Dokumente selbst analysieren und Anforderungen daraus ableiten.
- **Prototypenbau:**
  Manche Dinge können uns die Stakeholder einfach nicht sagen, solange sie nicht etwas sehen, auf das sie sich stützen können. Ich nenne das das »I know

2. Geläufiger ist für diese Methode die englische Bezeichnung »Apprenticing«.

it when I see it«-Prinzip[3]. Wir müssen erst einen Prototyp bauen, anhand dessen wir dann die Anforderungen mit den Stakeholdern diskutieren können. Einfache Formen von Prototypen als Basis für die Diskussion in den Workshops finden Sie in den Abschnitten 13.1 und 14.1.

- User Stories:
  Aus der agilen Welt kommt die Methode, Anforderungen mit kleinen Beschreibungen, den User Stories, zu spezifizieren. Diese zeigen, was bestimmte Anwender mit dem System machen wollen und wozu. Sie werden immer mit der Satzschablone »Als <Rolle> möchte ich <Aktion>, damit <Nutzen>« beschrieben. Ergänzt werden diese kurzen User Stories durch Akzeptanzkriterien. In Abschnitt 11.1 werden obige Satzschablone und Akzeptanzkriterien beim Ermitteln von Anwendungsfällen verwendet.

Je nach Quelle der Anforderung, Gruppengröße und Art der Anforderung müssen Sie die richtige Ermittlungstechnik auswählen und einsetzen. Kommen Ihre Anforderungen von Personen, müssen Sie andere Techniken einsetzen, als wenn Sie Anforderungen aus Dokumenten oder bestehenden Systemen ableiten wollen. Wenn Sie eine Gruppe von Personen einbinden müssen, sind andere Techniken gefragt, als wenn Sie nur einen einzigen Experten oder einen anonymen großen Anwenderkreis haben.

Schlussendlich hängt die Wahl der Ermittlungsmethode auch von der Neuheit und Komplexität des Systems ab. Muss etwas völlig Neues konzipiert werden, benötigen Sie eher kreative Techniken und solche, die die Stakeholder stark einbinden und ein exploratives Herausfinden der Anforderungen ermöglichen. Wenn im Gegensatz dazu bestehende Konzepte weiterentwickelt werden oder die Stakeholder die Anforderungen bereits kennen, kann auf einfache befragende Techniken zurückgegriffen werden.

1.6 Wo Workshops Sinn machen ... und wo nicht

Workshops sind besonders gut geeignet, wenn Sie die Anforderungen mit einer Gruppe von Stakeholdern erarbeiten müssen. Dies ist in vielen Projekten der Fall und darauf konzentriert sich auch dieses Buch.

Workshops liefern hohe Akzeptanz der erarbeiteten Lösungen

Da die Anforderungen nicht im stillen Kämmerlein von einigen wenigen definiert, sondern von den Betroffenen selbst gemeinsam erarbeitet werden, ist die Akzeptanz der gefundenen Lösungen größer.

---

3. Diese Phrase geht auf den US-Richter Stewart Potter zurück, der sie 1964 in einem Prozess wegen Pornografie verwendete. Naja, passt auch für Software, wie ich finde.

Workshops ermöglichen unmittelbares Feedback

Alle Beteiligten können in einem Workshop sofort Feedback geben. Dies ermöglicht es, schneller bessere Lösungen zu entwickeln, als wenn einzelne Personen die Anforderungen entwerfen und dann Feedback dazu einholen.

Workshops vereinen Ermittlung und Abstimmung

Im Requirements Engineering müssen Anforderungen nach der Ermittlung und Dokumentation mühsam abgestimmt werden. Dies geschieht meist, indem ein Dokument an alle relevanten Stakeholder zum Review ausgeschickt wird. Diese prüfen und kommentieren das Dokument und schicken es dem Requirements Engineer zurück, der die Dutzenden, oft Hunderte von Anmerkungen einarbeiten muss – alles in allem ein sehr langwieriger und aufwendiger Prozess. In Workshops sind alle Beteiligten gemeinsam bei der Anforderungsdefinition dabei. Dies ersetzt Abstimmung und Review der am Ende erstellten schriftlichen Spezifikation nicht völlig. Die Anzahl der zu ändernden und neu auszuhandelnden Punkte sinkt aber in der Regel dramatisch. Damit wird der gesamte Prozess deutlich schneller und weniger aufwendig.

Aber: Näher an der Software brauchen wir ergänzende Methoden

Workshops sind vor allem in den frühen Phasen der Anforderungsermittlung, wenn es stark um fachliche und Prozessaspekte geht, sehr gut geeignet. Je mehr wir uns dem System selbst und der Technik, z.B. an den Schnittstellen zu anderen Systemen, annähern, desto kleiner wird der Kreis der Beteiligten an den Workshops und Meetings. Wie bereits erwähnt, ist aber jedes Projekt anders und Sie sollten immer wieder neu hinterfragen, welche Methode in der jeweiligen Situation am besten geeignet ist!

Wie es im Buch nun weitergeht ...

In den Kapiteln 4 bis 16 werden konkrete Methoden vorgestellt, wie Sie die jeweiligen Themen in Workshops mit Ihren Stakeholdern erarbeiten können.

Am Beginn jedes Kapitels finden Sie die vorgestellte Methode an einem Beispiel angewandt, danach die Beschreibung, wie Sie sie im Workshop Schritt für Schritt einsetzen. Da ich begeisterter Bogenschütze bin, habe ich als Beispielsystem eine fiktive Applikation für die Abwicklung von Bogenturnieren mit Namen »MyBowTurnament« gewählt.

Abb. 1–5 *Als begeisterter Bogenschütze muss die Beispielapplikation natürlich eine Anwendung zur Abwicklung von Bogenturnieren sein.*

Bevor wir uns nun in die Anforderungsermittlung stürzen, möchte ich Ihnen die Grundkenntnisse vermitteln, wie Sie Anforderungsworkshops erfolgreich planen und durchführen.

2 Workshops moderieren als Basistechnik

Um Anforderungen effektiv ermitteln zu können, müssen wir als Requirements Engineers Workshops und Meetings mit den Stakeholdern durchführen. In der Praxis brauchen wir dafür einen Weg, wie wir in Gruppen Anforderungen mit unterschiedlichsten Methoden erarbeiten können. Ein Workshop ist genau so ein Weg. Er ist ein »Instrument, mit dem die Teilnehmer Lösungsansätze für ein bestimmtes Thema erarbeiten. Die Gruppe wird dabei von einem Leiter oder Moderator unterstützt« [Lehrstuhl für Personal und Führung, 2011]. Jeder Workshop hat ein klar definiertes Ergebnis, z.B. eine Liste der benötigten Schnittstellen eines neuen Systems. Im Unterschied zu Besprechungen werden in einem Workshop verschiedene Methoden eingesetzt, um dieses Ergebnis zu erreichen. Ein Workshop braucht immer einen Moderator, der die Teilnehmer zu ihrem Ziel führt. Die Verantwortungen sind dabei klar definiert: Der Moderator ist für den Ablauf verantwortlich, die Teilnehmer für den Inhalt [Seifert, 2014]. Ein Workshop ist immer strukturiert und genau geplant. Ein gut gemachter Workshop ist ein sehr motivierendes Erlebnis für die Teilnehmer, da sie gemeinsam in kurzer Zeit ein tolles Ergebnis erarbeiten.

Workshops sind ein geniales Werkzeug für das Requirements Engineering. Scheinbar wie von selbst erarbeiten die Stakeholder ihre Anforderungen unter Anleitung des Requirements Engineer. Die folgenden Kapitel zeigen, wie ein Workshop aufgebaut ist, wie man ihn moderiert und wie man ihn plant.

2.1 Zielsetzung und Ergebnis eines Workshops

Jeder Workshop hat ein Ziel und liefert ein Ergebnis. In der Anforderungsermittlung kann ein solches Ergebnis ein Vision Statement, eine Liste von Zielen, eine Stakeholder-Liste, eine Übersicht über die Umgebung des Systems, Anforderungen selbst, eine Roadmap zu deren weiterer Bearbeitung oder etwas Ähnliches sein. Ein fixer Bestandteil des Ergebnisses eines Workshops ist eine To-do-Liste, in der die weiteren Schritte festgehalten werden.

2.2 Rollen im Workshop

In jedem Workshop gibt es klare Rollen und Verantwortlichkeiten [Seifert, 2014]:

- Der Moderator ist verantwortlich für den Ablauf des Workshops. Er definiert gemeinsam mit dem Auftraggeber Zielsetzung und Ergebnisse und legt die Teilnehmer fest. Er wählt die passenden Methoden aus und plant den Workshop. Der Moderator findet einen Ort und einen Termin und lädt die Teilnehmer ein. Vor dem Workshop bereitet er alle benötigten Unterlagen, Flipcharts und den Raum vor.
- Die Teilnehmer sind für den Inhalt des Ergebnisses verantwortlich.
- Der Auftraggeber ist für die Vorgabe von Zielsetzung und Ergebnis verantwortlich und unterstützt bei der Auswahl der Teilnehmer. Bei den Workshops zur Anforderungsermittlung gibt es normalerweise keinen expliziten Auftraggeber, hier übernimmt der Requirements Engineer diese Rolle.
- Zusätzlich kann es sein, dass nach dem Workshop weitere Stakeholder, die nicht teilgenommen haben, über die Ergebnisse informiert werden müssen.

2.2.1 Der Moderator

Als Moderator sind Sie dafür verantwortlich, dass der geplante Ablauf eingehalten und das definierte Ergebnis erreicht wird. Wenn nötig entscheiden Sie über Abweichungen vom Plan. Dies kann notwendig sein, wenn klar wird, dass das Ziel des Workshops nicht mehr erreicht werden kann, oder wenn im Workshop ein wichtigeres Thema aufkommt [Seifert, 2014].

Während des Workshops müssen Sie immer wieder auf die Zeit achten. Für jede Phase und jede Methode wird geplant, wie lange sie dauern darf. Die Kontrolle dieser Timebox ist Ihre Aufgabe. Ebenso wichtig ist, dass Sie dafür sorgen, dass alle Teilnehmer gehört werden und einen Beitrag liefern. Hier sind offene Augen und Ohren und Fingerspitzengefühl im Umgang mit Gruppen gefragt. Nicht selten werden Sie mit Konflikten konfrontiert, mit denen Sie dann ruhig und respektvoll umgehen müssen. Entscheidend für den Erfolg eines Workshops ist eine gute Planung. Als Moderator legen Sie vorab fest, wie der Workshop ablaufen wird und welche Methoden Sie wann wofür einsetzen wollen.

Eine hitzig diskutierte Frage ist, ob ich mich als Moderator im Thema auskennen muss oder ob es reicht, wenn ich »nur« Moderator bin und sämtliches Knowhow von den Teilnehmern kommt. Grundsätzlich sind zwar die Teilnehmer für den Inhalt des Ergebnisses verantwortlich, meiner Erfahrung nach ist es aber in der Anforderungsermittlung wichtig, dass man als Moderator mit dem Thema vertraut ist. Das bedeutet, dass Sie sich ins Fachthema, für das die Software spezifiziert wird, möglichst gut einarbeiten sollten. Sie können damit wesentlich besser die richtigen Fragen stellen und erkennen, ob die Teilnehmer auf dem richtigen Weg sind. Ein Teil Ihrer Vorbereitung wird also eine Beschäftigung mit der fachlichen Welt der Stakeholder und der technischen Welt der Entwickler sein.

2.2.2 Die Teilnehmer

Die Teilnehmer sind für die inhaltliche Arbeit im Workshop und die Ergebnisse verantwortlich.

Wer an einem Workshop teilnehmen sollte, hängt stark vom Thema ab. Für die Themen in der Anforderungsermittlung finden Sie in den jeweiligen Kapiteln konkrete Hinweise, wer bei der Erarbeitung dabei sein sollte. Achten Sie bei der Auswahl der Teilnehmer darauf, eine Gruppe zusammenzustellen, die das nötige fachliche Know-how hat, um Entscheidungen zu treffen, und dies auch von der Organisationsstruktur her darf.

In Workshops, in denen innovative Ideen für neue Produkte, neue Funktionen und Ähnliches erarbeitet werden sollen, sind nicht nur Fachexperten, sondern auch ein oder zwei Querdenker sehr wertvoll. Querdenker sind fachfremde Personen, die vom Thema bewusst kein oder nur ein sehr grundlegendes Wissen haben. Sie denken daher völlig anders als Fachexperten. Sie sind nicht in bestehenden Denkmustern gefangen und können völlig frei sehr kreative, innovative und ein wenig verrückte Ideen produzieren.

Wenn es nicht gelingt, die passenden Teilnehmer für ein Thema zu bekommen, gefährdet dies das Ziel des Workshops. Sie sollten als Moderator genau überlegen, ob die Gruppe das Ergebnis überhaupt erreichen kann. Ist dies nicht möglich, müssen Sie dies an den Projektleiter oder sogar den Projektauftraggeber eskalieren.

2.3 Phasen eines Workshops

Jeder Workshop gliedert sich in sechs Phasen [Seifert, 2010]:

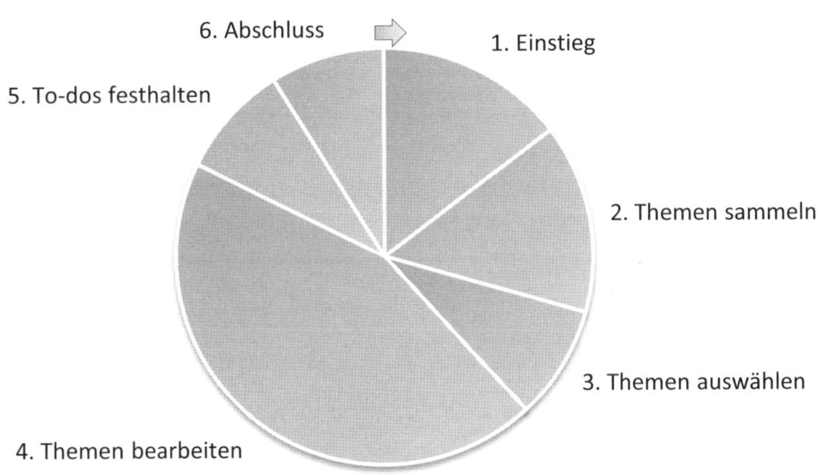

Abb. 2–1 *Die sechs Phasen eines Workshops (Grafik angelehnt an [Seifert, 2010])*

2.3.1 Einstieg

Der Einstieg dient dazu, den Workshop zu eröffnen und den Teilnehmern alle Informationen zu liefern, die sie zum Erreichen des Workshop-Zieles brauchen [Seifert, 2014]. Halten Sie ihn trotzdem kurz.

So können Sie den Einstieg in einen Workshop aufbauen

1. Begrüßen Sie die Teilnehmer und stellen Sie sich vor.
2. Nennen Sie die Zielsetzung und das gewünschte Ergebnis, z.B.: »Im heutigen Workshop wollen wir uns einen Überblick über die Schnittstellen verschaffen. Dazu werden wir ein Übersichtsdiagramm ausarbeiten.« Visualisieren Sie Zielsetzung und Ergebnis zusätzlich auf einem Flipchart.
3. Stellen Sie die Agenda vor. Am besten ebenfalls mittels Flipchart.
4. Für die Vorstellung der Teilnehmer können Sie unterschiedliche Methoden einsetzen. Die einfachste Möglichkeit ist eine kurze Selbstvorstellung. Dabei beantwortet jeder folgende Fragen:
   - Wer bin ich?
   - Was ist meine Rolle im Unternehmen?
   - Was ist meine Rolle im Projekt?
   - Was ist mein Ziel für das Projekt? Wo sehe ich den Nutzen? Warum bin ich dabei?
5. Wenn nötig, stellen Sie das fachliche Thema vor. In der Anforderungsermittlung kann dies z.B. eine Einführung in die Umwelt der Software, eine Demonstration einer Technologie oder Ähnliches sein. Diese Einführung kann auch durch einen der Teilnehmer erfolgen.
6. Vereinbaren Sie Spielregeln für das gemeinsame Arbeiten.
7. Hängen Sie die Flipcharts mit der Zielsetzung und den Spielregeln deutlich sichtbar auf.

Spielregeln vereinbaren

Damit die Zusammenarbeit im Workshop gut funktioniert, sollten Sie zu Beginn einige Spielregeln vereinbaren [Nam Kha Pham, o.J]. Beispiele für Spielregeln sind:

- »Wir halten den Zeitplan ein.«
- »Wir äußern Kritik wertschätzend und konstruktiv.«
- »Wir hören zu und lassen ausreden.«
- »Handys und Laptops werden nur in den Pausen eingeschaltet.«
- »Informationen sind eine Bringschuld, keine Holschuld.«
- »Störungen haben Vorrang.«

Vereinbaren Sie in jedem Fall vorab, wie Entscheidungen getroffen werden und was passieren soll, wenn sich die Gruppe nicht einigen kann (siehe Abschnitt 2.4.2).

Schreiben Sie die Spielregeln auf ein Flipchart und hängen Sie es gut sichtbar auf. Bei Verletzungen weisen Sie auf die Regeln am Flipchart hin. Regeln, die Ihnen als Moderator unbedingt wichtig sind, sollten Sie bereits vorher auf das Flipchart schreiben.

Methode	Einstieg in den Workshop
Hilfsmittel	Flipchart und Stifte
Gruppengröße	Beliebig
Zeitbedarf	30 Minuten (bei größeren Gruppen und komplexen Themen mehr)
Vorbereitung	■ Flipcharts »Willkommen«, »Ziele und Ergebnis« und »Agenda« ■ Flipchart »Spielregeln« (noch leer) ■ Bereiten Sie weitere Flipcharts, eine PowerPoint-Präsentation oder was auch immer für die Einführung nötig ist, vor.

So können die Flipcharts zum Einstieg in einen Workshop aussehen:

Abb. 2-2 *Flipcharts für Einstieg und Agenda*

2.3.2 Themen und Ideen sammeln

Nach dem Einstieg erfolgt das Sammeln der Themen, die im Workshop behandelt werden sollen [Seifert, 2010]. Eine solche Themensammlung könnte beispielsweise erstellt werden, indem in einem Workshop zum Themenbereich »Schnittstellen zu anderen Systemen« gemeinsam mit den Teilnehmern zuerst alle Schnittstellen aufgelistet werden, um dann diejenigen auszuwählen, die im ersten Release umgesetzt werden sollen.

Themen können ganz unterschiedliche Dinge sein. Themen können Ideen für neue Features sein, die man dann weiter bearbeitet, oder Masken, die gemeinsam beschrieben werden sollen. Themen können Qualitätsanforderungen an die Software, aber auch mögliche Kundensegmente sein, mit denen man sich intensiver beschäftigt. Ein Thema ist alles, mit dem wir uns im Workshop weiter beschäftigen werden.

Wenn die Themen für den Workshop bereits vorgegeben sind, z.B. durch Sie als Requirements Engineer oder durch den Auftraggeber, kann das Sammeln entfallen oder auf eine bloße Überprüfung und Anpassung gekürzt werden.

So sammeln Sie Themen mittels Kartenabfrage [Seifert, 2014]

1. Geben Sie an jeden Teilnehmer einige Moderationskarten und einen Stift aus.
2. Nennen Sie den Themenbereich, für den Themen gesucht werden sollen, z.B. »Schnittstellen zu Fremdsystemen« oder »Stakeholder des Systems«, und bitten Sie die Teilnehmer, ihre Ideen und Themen auf die Moderationskarten zu schreiben, je ein Thema auf eine Karte.
3. Die Teilnehmer schreiben jeder für sich für 10 Minuten ihre Themen und Ideen auf.
4. Reihum steht jeder auf, liest Thema für Thema vor und klebt es an ein Flipchart. Doppelte Themen werden aussortiert.
5. Am Ende sollten ca. 5–20 Themen vorhanden sein. Sind mehr Themen am Flipchart, können Sie diese noch zusammenfassen (siehe »Clustern von Themen« weiter unten in diesem Kapitel).

Das Ergebnis ist immer eine einfache, noch ungeordnete Sammlung von Themen.

Methode	**Kartenabfrage zum Sammeln von Themen**
Hilfsmittel	■ Flipchart und Stifte ■ Moderationskarten ■ Klebstoff
Gruppengröße	Maximal 15 Personen
Zeitbedarf	20 Minuten
Vorbereitung	■ Evtl. fachliche Einführung ins Thema ■ Themenbereich für die Themensammlung ■ Kommunizieren Sie den Themenbereich vorab an die Teilnehmer, sodass sich diese vor dem Workshop Gedanken machen können.

Beispiel für eine Themensammlung

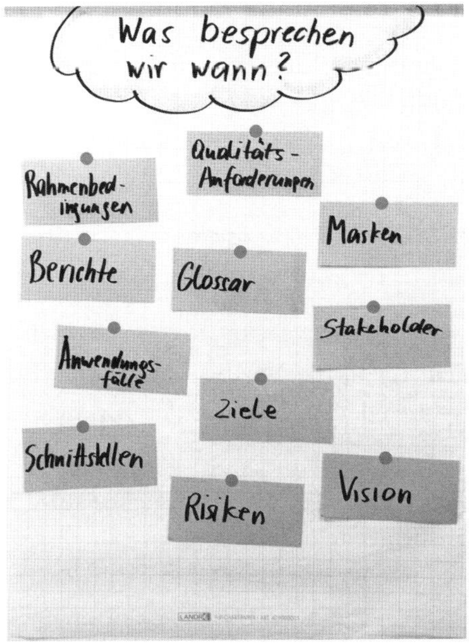

Abb. 2–3 *Themen und Ideen sammeln*

Weitere mögliche Methoden zum Sammeln von Themen und Ideen:

Brainstorming

Wohl die Mutter aller Techniken zum Sammeln von Themen und Ideen ist das Brainstorming. Beim Brainstorming geht es darum, mit einer Gruppe in kurzer Zeit möglichst viele Ideen zu generieren. Hier zählt Masse statt Klasse. Die Annahme dabei ist, dass bei ausreichender Menge an Ideen zumindest eine mit Klasse dabei sein muss [Seifert, 2014]:

1. Stellen Sie den Teilnehmern eine Startfrage, z.B.: »Was darf während der Abwicklung eines Bogenturniers im System auf keinen Fall passieren?«
2. Die Teilnehmer rufen dann einfach ihre Gedanken und Ideen dazu heraus. Notieren Sie diese mit. Ideen werden dabei nicht diskutiert oder bewertet. Perfekt ist es, wenn die Gruppe in einen regelrechten Flow gerät, sodass Sie mit dem Aufschreiben kaum nachkommen.

Beim Brainstorming müssen folgende Regeln beachtet werden:

- Die Ideen anderer werden nicht kritisiert.
- Gedanken sollen frei geäußert werden. Verrückte Ideen sind gewünscht.
- Die Ideen der anderen sollen aufgegriffen und weitergesponnen werden.
- So viele Ideen wie möglich produzieren. Es gilt Quantität vor Qualität.

Nach dem Brainstorming werden die Ideen wenn nötig geclustert und bewertet (siehe »Clustern von Themen« weiter unten und Abschnitt 2.3.3).

Methode	Brainstorming
Hilfsmittel	Flipchart und Stifte
Gruppengröße	Maximal 12 Personen
Zeitbedarf	20 Minuten
Vorbereitung	Fragestellung für das Brainstorming

Ideenkarussell

Das Ideenkarussell dient dazu, die Vorteile von individuellem Nachdenken mit denen des gegenseitigen Ideenzuspielens aus dem Brainstorming zu verbinden.

1. Schreiben Sie das Thema oder die Ausgangsfrage in die Mitte eines Flipcharts. Teilen Sie dann das Flipchart in so viele Sektoren, wie Teilnehmer anwesend sind. Bei mehr als acht Teilnehmern nehmen Sie mehrere Flipcharts.
2. Verteilen Sie die Teilnehmer um das Flipchart. Jeder Teilnehmer bekommt einen Sektor.
3. Jeder Teilnehmer schreibt zwei Minuten lang seine Ideen zum Thema in seinen Sektor.
4. Drehen Sie das Flipchart um einen Sektor weiter.
5. Jeder Teilnehmer liest nun, was in dem Sektor steht, den er vor sich hat, und schreibt seine Ideen dazu.
6. Drehen Sie nach zwei Minuten das Flipchart wieder weiter.
7. Wiederholen Sie das Drehen und Schreiben so lange, bis jeder Teilnehmer jeden Sektor bearbeitet hat.

Als Variante können Sie in jeden der Sektoren eine Detailfrage schreiben. So können Sie auf einem Flipchart mehrere Aspekte eines Themas beleuchten.

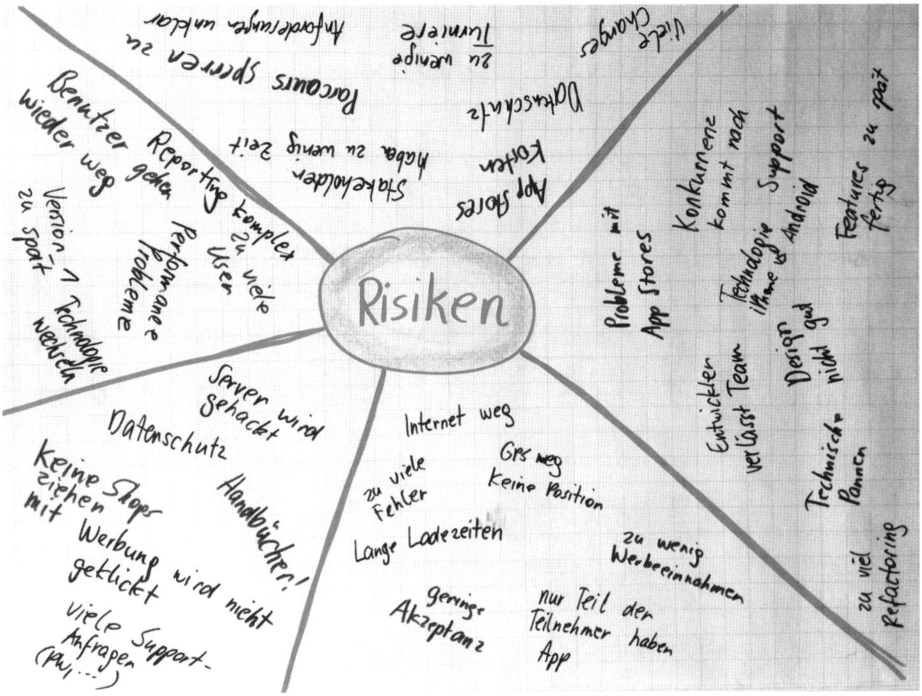

Abb. 2–4 *Ein Ideenkarussell zum Finden von Ideen in der Gruppe*

Nach dem Ideenkarussell werden die Ideen wenn nötig geclustert und bewertet (siehe »Clustern von Themen« weiter unten und Abschnitt 2.3.3).

Methode	Ideenkarussell
Hilfsmittel	Flipchart und Stifte
Gruppengröße	Maximal 8 Personen, bei mehr wird auf mehrere Flipcharts aufgeteilt
Zeitbedarf	20 Minuten
Vorbereitung	Fragestellung für das Ideenkarussell

Clustern von Themen

Beim Sammeln von Ideen und Themen findet man in der Regel zu viele, als dass man jede einzelne weiterverfolgen könnte. Hier ist es notwendig, entweder Ideen auszuwählen (siehe Abschnitt 2.3.3) oder die einzelnen Ideen zu größeren Paketen zusammenzufassen, also sie zu clustern.

In einem Workshop bitten Sie am besten zwei oder drei Freiwillige, das Clustern der Themen zu übernehmen. Mit den anderen Teilnehmern können Sie einstweilen eine Auflockerungsübung machen. Beispiele für solche Übungen finden Sie in Abschnitt 2.4.3. Am Ende stellen die Freiwilligen, die die Ideen geclustert haben, ihr Ergebnis den anderen vor.

Clustern mit Karten

Wenn Sie die Ideen mit Moderationskarten gesammelt haben, können Sie diese sehr einfach zu Gruppen zusammenfassen.

1. Nehmen Sie Karten, die thematisch zusammenpassen, und pinnen Sie diese in einer Gruppe direkt nebeneinander.
2. Finden Sie einen Namen für jede Gruppe. Am besten schreiben Sie den Namen auf eine Karte mit anderer Form, z.B. einem Kreis, und pinnen diese zur Gruppe dazu.
3. Prüfen Sie immer wieder die Gruppen. Können ganze Gruppen zusammengefasst werden? Müssen wir noch weiter clustern?
4. Am Ende können Sie die einzelnen Gruppen umrahmen, um sie deutlicher voneinander abzuheben.

Methode	Clustern mit Karten
Hilfsmittel	■ Moderationskarten in unterschiedlichen Formen ■ Pinnwand und Pinnwandnadeln
Gruppengröße	2–3 Personen
Zeitbedarf	25 Minuten
Vorbereitung	Themen sammeln

Beispiel für geclusterte Karten

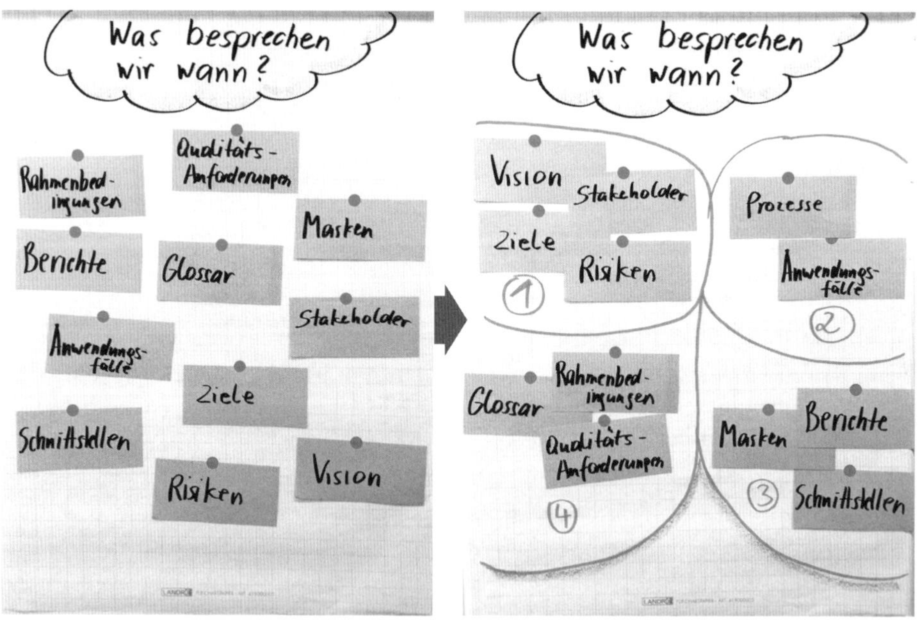

Abb. 2–5 *Themen erst sammeln, dann zu Gruppen clustern*

Themenstapel

Diese Methode können Sie auch einsetzen, wenn Sie die Ideen nicht mit einzelnen Karten, sondern beispielsweise mit einem Brainstorming oder einem Ideenkarussell gesammelt haben.

1. Teilen Sie ein Flipchart in so viele Spalten, wie Sie Themenblöcke haben möchten. Normalerweise sollten dies zwischen drei und zehn Themenblöcke sein.
2. Nehmen Sie die erste Idee und schreiben Sie sie in die erste Spalte.
3. Nehmen Sie nun die nächste Idee. Wenn diese zur ersten passt, kommt sie ebenfalls in die erste Spalte. Wenn nicht, kommt sie in die nächste noch leere Spalte.
4. Verfahren Sie so mit allen weiteren Ideen. Wenn eine Idee in eine bestehende Spalte passt, fügen Sie sie hinzu. Ansonsten eröffnen Sie eine neue Spalte. Denken Sie dabei immer daran, dass die maximale Zahl der Spalten begrenzt ist.
5. Am Ende geben Sie jeder Spalte einen Titel, der das gemeinsame Thema der Spalte gut beschreibt.

Methode	Themenstapel
Hilfsmittel	Pinnwand und Pinnwandnadeln
Gruppengröße	2–3 Personen
Zeitbedarf	25 Minuten
Vorbereitung	Themen sammeln

Beispiel für per Themenstapel geclusterte Ideen

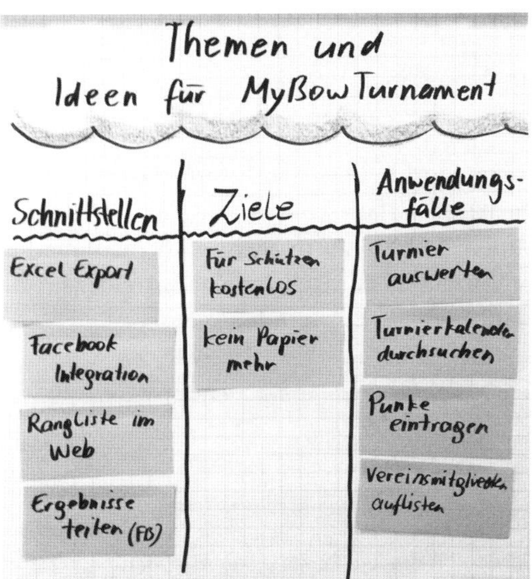

Abb. 2–6 *Ideen sammeln und zu Themenbereichen stapeln*

2.3.3 Themen priorisieren und auswählen

Beim Auswählen von Themen geht es darum, die bisher unsortierte Themenliste nach Wichtigkeit zu reihen und diejenigen Themen auszuwählen, die im weiteren Verlauf des Workshops bearbeitet werden sollen [Seifert, 2010]. Wie viele das sind, hängt vom Thema und von der Gruppengröße ab. Haben Sie eine ausreichend große Gruppe, können Sie mehr Themen bearbeiten, indem Sie die Teilnehmer in Kleingruppen aufteilen und parallel arbeiten lassen.

So setzen Sie das Rosinenpicken zum Auswählen von Themen ein

Beim Rosinenpicken [Seifert, 2014] vergeben die Teilnehmer Punkte an die für sie wichtigsten Themen.

1. Berechnen Sie die Zahl der Punkte, die jeder Teilnehmer vergeben darf, nach der Formel:

   Anzahl der Punkte = Anzahl der Themen/2

   Statistisch gesehen ergibt Anzahl der Themen/2 am ehesten eine eindeutige Reihung. Runden Sie gegebenenfalls ab.
2. Geben Sie jedem Teilnehmer einen Stift oder Klebepunkte.
3. Bitten Sie jeden Teilnehmer genau die berechnete Anzahl an Punkten zu vergeben. Jeder kann seine Punkte beliebig verteilen, jedoch maximal zwei Punkte auf ein Thema. Die Vergabe erfolgt dabei nicht nach einem bestimmten Kriterium. Bitten Sie die Teilnehmer, die Punkte intuitiv zu vergeben, so wie sie es für richtig erachten.
4. Haben alle ihre Punkte vergeben, zählen Sie die Punkte je Thema.
5. Reihen Sie die Themen nach Punkten, Sieger ist das Thema mit den meisten Punkten.
6. Wählen Sie in Reihenfolge der Punkte so viele Themen aus, wie Sie weiter bearbeiten möchten.

Vielfach steht im Workshop bereits vorab fest, dass einzelne Themen behandelt werden müssen. In diesen Fällen können Sie das Rosinenpicken einsetzen, um zum einen auszuwählen, welche der restlichen Themen überhaupt behandelt werden sollen, und zum anderen die Reihenfolge festzulegen, in der die fixen und zusätzlich ausgewählten Themen behandelt werden.

Methode	Rosinenpicken zum Auswählen von Themen
Hilfsmittel	Klebepunkte oder Stifte
Gruppengröße	Beliebig
Zeitbedarf	10 Minuten
Vorbereitung	Liste der Themen z. B. auf einem Flipchart

Beispiel für eine priorisierte Themenliste

Abb. 2–7 *Bewertete Themenliste*

Abbildung 2–7 zeigt eine priorisierte Liste aus einem Workshop. In diesem Fall war die Vorgabe, alle potenziellen Kunden zu ermitteln und nach Wichtigkeit zu reihen. Mit den ausgewählten Top 5 dieser Kunden muss sich das Team in Zukunft beschäftigen. Die »Themen« sind hier also relevante Kunden.

2.3.4 Themen ausarbeiten und präsentieren

Nachdem die wichtigsten Themen ausgewählt wurden, müssen sie bearbeitet und die Ergebnisse präsentiert werden [Seifert, 2010]. Das Bearbeiten von Themen geschieht am besten anhand konkreter Fragestellungen. Diese führen die Teilnehmer ans Thema heran und ermöglichen es ihnen, die Ergebnisse rasch und sicher zu erreichen.

Die Qualität der ausgearbeiteten Ergebnisse hängt von den Fragen ab, die Sie stellen. Die Fragen sind je Themenstellung unterschiedlich. Die Kapitel 4 bis 16 enthalten konkrete Fragen z.B. zum Finden von Zielen, Definieren von Prozessen oder Ableiten von Anwendungsfällen.

Bei der Szenariofragetechnik [Seifert, 2014] stellen Sie genau vier konkrete Fragen, die die Teilnehmer zu einem Thema beantworten müssen. Die Antworten bilden das Ergebnis des Workshops, die Fragen müssen daher an den Workshop-Zielen ausgerichtet sein.

Ein Thema mit Szenariofragen ausarbeiten

Wenn nötig, teilen Sie die Gruppe in Kleingruppen zu maximal fünf Teilnehmern auf (siehe Abschnitt 2.4.1).

1. Je nach Aufgabenstellung bearbeiten alle Kleingruppen dasselbe Thema oder jede Kleingruppe erhält eines der ausgewählten Themen.
2. Jede Gruppe erhält ein Flipchart und Stifte. Der Flipcharttitel ist das zu bearbeitende Thema. Das Flipchart wird durch ein Kreuz in vier Sektoren geteilt. An den oberen Rand jedes Sektors wird eine der vier vorbereiteten Fragen geschrieben (siehe Abb. 2–8).
3. Jede Kleingruppe beantwortet die vier Fragen, die Antworten werden direkt in die Sektoren am Flipchart geschrieben.

Die Szenariofragetechnik erlaubt eine intensive Bearbeitung eines Themas in Gruppen. Sie hat gegenüber Kreativmethoden wie z.B. einem Brainstorming den Vorteil, dass sie detailliertere und vollständigere fachliche sowie technische Ausarbeitungen von Themen ermöglicht.

Anstatt mit vier können Sie die Szenariofragetechnik auch mit zwei Fragen durchführen.

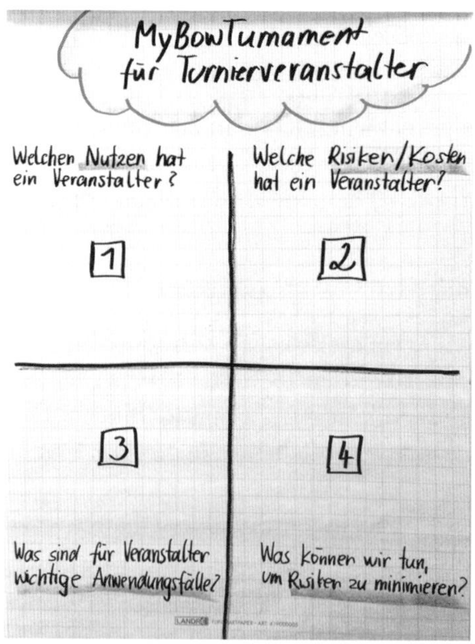

Abb. 2–8 *Szenariofragen für die Themenbearbeitung*

Allgemeine Beispiele für Szenariofragen

Die folgenden Fragen bilden ein allgemeines Schema für die Bearbeitung von Themen. Sie können eine Orientierung für die Ausarbeitung der Fragen für Ihren Workshop sein:

Mögliche Fragen für die Bearbeitung von Themen
1. Wie sieht der **Istzustand** aus? 2. Wie sieht der **Sollzustand** aus? 3. Wie muss eine **Lösung** aussehen, die uns vom Ist zum Soll bringt? 4. Was müssen wir dafür tun (**To-dos**)?
1. Was ist das **Problem**? 2. Wie kann eine **Lösung** aussehen? 3. Was müssen wir dafür tun, um die Lösung zu erreichen (**To-dos**)? 4. Welche **Hindernisse** stehen uns im Weg?
1. Welche **Ziele** wollen wir erreichen? 2. Welche **Risiken** gibt es dabei? 3. Was müssen wir tun, um die Ziele zu erreichen (**To-dos**)? 4. Welche **Ressourcen** benötigen wir dafür?
1. Wie äußert sich das **Problem**? 2. Was sind mögliche **Ursachen**? 3. Was können wir **tun**? 4. Was **behindert** die Lösung?
1. Was sind **menschliche Auslöser** für Fehler und Risiken? 2. Was sind **systembedingte Auslöser** für Fehler und Risiken? 3. Was sind **umfeldbedingte Auslöser** für Fehler und Risiken? 4. Was sind **datenbedingte Auslöser** für Fehler und Risiken?

Konkrete Fragen für die Anforderungsermittlung finden Sie in den folgenden Kapiteln, beispielsweise Fragen zum Finden von Stakeholdern, Identifizieren von Anwendungsfällen oder Aufdecken von Risiken.

Methode	Szenariofragetechnik zum Ausarbeiten von Themen
Hilfsmittel	Flipchart und Stifte
Gruppengröße	Bis zu 15 Personen, aufgeteilt in Kleingruppen zu maximal 5 Teilnehmern
Zeitbedarf	45 Minuten
Vorbereitung	▪ Themen auswählen ▪ Vier Fragen je Thema überlegen

Längere Ausarbeitungsphasen in einzelne Iterationen aufteilen

Immer wieder kommt es vor, dass in Workshops die Ausarbeitung der Ergebnisse lange dauert. Wenn die Teilnehmer beispielsweise die wichtigsten Anwendungsfälle für ein Release detaillierter ausarbeiten sollen und Sie in Ihrem Projekt 30 relevante Anwendungsfälle haben, dann sind die Teilnehmer in zwei Gruppen zwei Tage damit beschäftigt.

Für solche langen Ausarbeitungsblöcke können wir uns ein Prinzip der alten Römer zunutze machen: »Divide et impera!« (zu Deutsch: »Teile und herrsche!«). Wir teilen also den großen Ausarbeitungsblock in mehrere kleine Iterationen auf, die wir dann nacheinander abarbeiten (siehe Abb. 2–9). In der Praxis hat sich dabei eine Dauer von zwei Stunden für eine Iteration als geeignet erwiesen.

Zusätzlich zu »Teile und herrsche!« fügen wir einen Baustein aus agilen Methoden ein, nämlich die Retrospektive [Schwaber, 1997]. Am Ende jeder Iteration nehmen wir uns einige Minuten Zeit, unsere Arbeit zu beleuchten und zu diskutieren, was wir in der nächsten Iteration besser machen können (siehe Abb. 2–9). Wir bauen also eine ständige Prozessverbesserung fest in unsere Methode mit ein. So werden wir von Mal zu Mal schneller und besser!

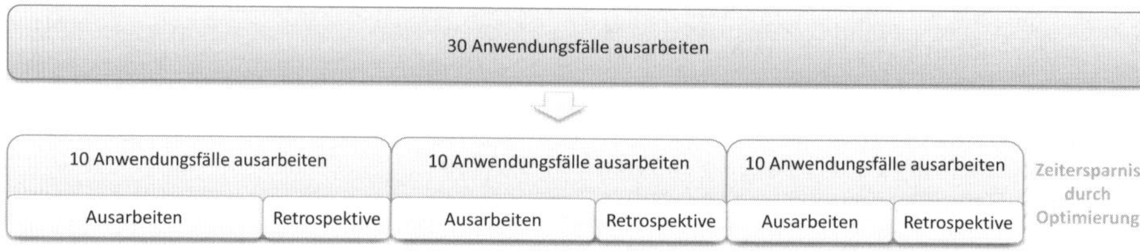

Abb. 2–9 *Lange Blöcke in kleine Iterationen mit integrierter Optimierung aufteilen*

Nach der Ausarbeitung werden die Ergebnisse präsentiert

Nach dem Erarbeiten der Ergebnisse in den Kleingruppen werden diese im Plenum vorgestellt und diskutiert. Dazu können Sie eine der folgenden Methoden einsetzen:

Ergebnisse durch Gruppensprecher vorstellen

Die einfachste Methode, um Ergebnisse zu präsentieren, besteht darin, dass aus jeder Kleingruppe ein Gruppensprecher die Ergebnisse kurz vorstellt. Rechnen Sie hierfür ca. 10–15 Minuten je Kleingruppe für die Vorstellung und Beantwortung von Fragen durch die anderen Teilnehmer. Einige Tipps, wie Sie allzu motivierte Gruppensprecher bremsen und im Zeitrahmen halten können, finden Sie in Abschnitt 2.4.3.

Ergebnisse in einem Marktplatz präsentieren

Alle Flipcharts mit den Ergebnissen werden an Wänden oder Pinnwänden aufgehängt. Legen Sie zu jedem Flipchart einige Post-its. Alle Teilnehmer haben nun 20 Minuten Zeit, sich die Flipcharts anzusehen. Hat jemand Fragen, notiert er sie auf ein Post-it und klebt es an die entsprechende Stelle am Flipchart. Wenn nötig, können Sie nach dieser Phase die Fragen gemeinsam durchgehen und beantworten [Zellinger, 2012].

Methode	Marktplatz zum Präsentieren von Ergebnissen
Hilfsmittel	■ Pinnwand und Nadeln oder Klebestreifen zum an die Wand hängen ■ Post-its
Gruppengröße	Maximal 20 Personen
Zeitbedarf	15 Minuten
Vorbereitung	Ausgearbeitete Themen

Beispiel für eine zum Marktplatz umfunktionierte Wand

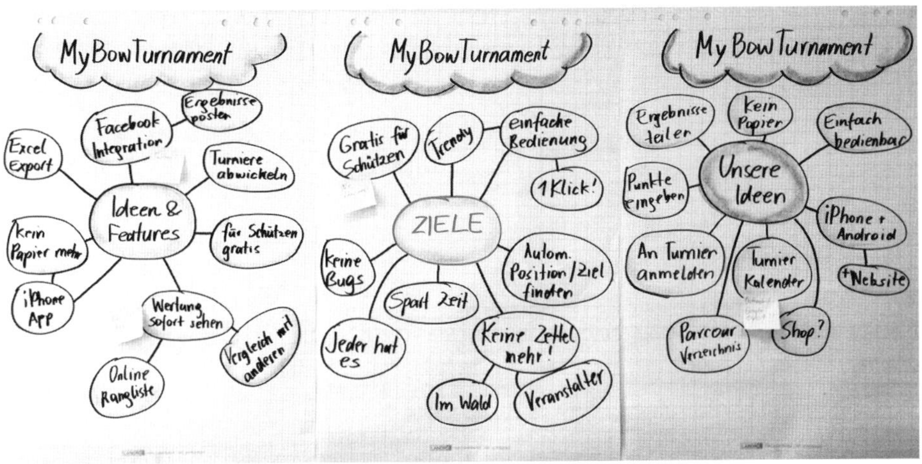

Abb. 2–10 *Markplatz zum Präsentieren der Ergebnisse*

2.3.5 To-dos festhalten

In vielen Fällen sind To-dos ein wesentlicher Bestandteil der Ausarbeitungen, indem zum Beispiel Fragen beantwortet werden wie »Was müssen wir dafür tun?«, »Was brauchen wir dafür?« etc. Nach der Ausarbeitung der Ergebnisse werden die To-dos zentral zusammengefasst.

Die To-dos werden in einer gemeinsamen To-do-Liste gesammelt [Seifert, 2014]:

Was?	Wer?	Wann?
Ideen konsolidieren	Hr. Moser	Ende Januar
Ziele der Anwender einholen	Hr. Gruber + Team	Ende Juli
…	…	…

So sammeln Sie To-dos in einer To-do-Liste

1. Zeichnen Sie eine einfache Liste auf ein Flipchart. Diese sollte folgende Spalten haben:
   - Aufgabe (Was?)
   - Verantwortlicher (Wer?)
   - Zu erledigen bis (Wann?)
2. Sammeln Sie als Moderator die To-dos von den einzelnen Ausarbeitungen der Kleingruppen und übertragen Sie sie auf die To-do-Liste. Fragen Sie bei jedem To-do, wer es übernimmt und bis wann es erledigt wird. Bestehen Sie immer auf einem Namen. Im Notfall muss die benannte Person einen anderen geeigneten Kandidaten finden, der die Aufgabe erledigen kann.

Methode	To-dos in einer Liste sammeln
Hilfsmittel	Flipchart und Stifte
Gruppengröße	Maximal 15 Personen
Zeitbedarf	30 Minuten
Vorbereitung	■ Flipchart »To-do-Liste« ■ Ausgearbeitete Themen mit To-dos

Beispiel für eine zusammengeführte To-do-Liste

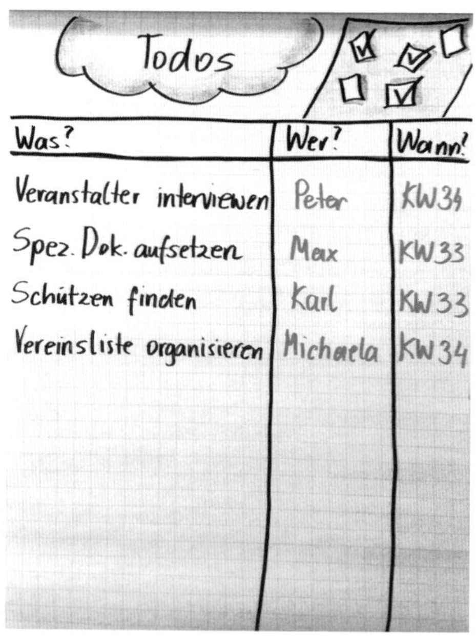

Abb. 2–11 *To-dos in einer gemeinsamen Liste sammeln*

2.3.6 Abschluss

Am Ende jedes Workshops ist es wichtig, die Arbeit formal und emotional abzuschließen. Die Gruppe bewertet die eigene Arbeit und bespricht die nächsten Schritte und Folgetermine. Vergessen Sie nicht, sich am Ende bei den Teilnehmern für die Mitarbeit zu bedanken [Seifert, 2010].

Folgende Methoden können Sie zur Beurteilung der eigenen Arbeit und des Workshops einsetzen:

Beurteilen der eigenen Arbeit in einem Koordinatensystem

1. Zeichnen Sie ein Koordinatensystem auf ein Flipchart. Beschriften Sie die Achsen mit:
   - Y-Achse:
     »Wie zufrieden bin ich mit dem Ergebnis?«
   - X-Achse:
     »Wie gut haben mir Ablauf und Aufbau des Workshops gefallen?«

   Die Achsen haben einen Wertebereich von »Gar nicht« am Achsenursprung bis »Sehr!« am äußeren Achsenende.
2. Jeder Teilnehmer zeichnet mit einem Punkt seine Bewertung ein. Sie können hierfür Stifte oder Klebepunkte verwenden.

Wenn Teilnehmer sehr schlechte Bewertungen abgeben, bitten Sie sie am besten sofort um eine kurze Erklärung. Wenn möglich, können Sie dies gleich in der Gruppe kurz diskutieren. Sehen Sie dieses Feedback in jedem Fall als Chance, um für die nächsten Workshops zu lernen (siehe Abschnitt 2.6.2).

Methode	Koordinatensystem zur Beurteilung der Arbeit
Hilfsmittel	■ Flipchart und Stifte ■ Evtl. Klebepunkte
Gruppengröße	Maximal 15 Personen
Zeitbedarf	5 Minuten
Vorbereitung	Flipchart »Unser Workshop« mit Koordinatensystem

Beispiel für die Bewertung mit einem Koordinatensystem

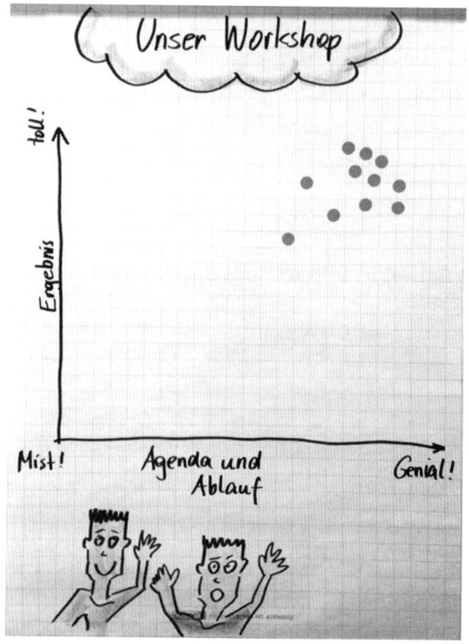

Abb. 2–12 *Ein Koordinatensystem zur Bewertung der eigenen Arbeit*

Werfen Sie ein Blitzlicht auf den Workshop

Eine Alterative zum Koordinatensystem ist das Blitzlicht [Seifert, 2014]. Diese schnelle Methode ermöglicht es jedem Teilnehmer, ein kurzes Statement zum Workshop abzugeben.

1. Alle stellen sich im Kreis auf.
2. Bitten Sie die Teilnehmer um ein Statement zum Workshop. Sie können dabei eine Impulsfrage stellen, beispielsweise »Wie fühle ich mich?« oder »Was erwarte ich mir von den nächsten Wochen?«.
3. Werfen Sie einem der Teilnehmer einen Moderationsball zu. Hat er sein Statement abgegeben, wirft er den Ball einem anderen zu, bis alle an der Reihe waren.

Methode	Blitzlicht zum Abfragen der Stimmung
Hilfsmittel	Moderationsball
Gruppengröße	Maximal 15 Personen
Zeitbedarf	15 Minuten
Vorbereitung	Impulsfrage für das Blitzlicht

2.4 Aufgaben und Herausforderungen beim Moderieren

Kein Workshop ist wie der andere und keine Gruppe ist wie die andere. In jedem Workshop werden Sie auf eine Reihe von Aufgaben und Herausforderungen treffen, die Sie gemeinsam mit den Teilnehmern meistern müssen.

2.4.1 Einteilen von Gruppen

Immer wieder ist es notwendig, eine größere Gruppe in Kleingruppen zu 2, 3, 4 oder maximal 5 Personen zu teilen. Hierbei ist es empfehlenswert, die Teilnehmer möglichst bunt zusammenzuwürfeln, sodass nicht immer Personen zusammenkommen, die ohnehin den ganzen Tag gemeinsam arbeiten. Eine gute Durchmischung fördert neue Ideen und produziert bessere Ergebnisse.

Wenn Sie in einem Workshop mehrere Sessions zur Durchführung von kreativen Methoden zum Finden neuer Ideen und Themen haben, empfiehlt es sich, die Kleingruppen immer wieder neu zusammenzuwürfeln. Arbeiten die Teilnehmer hingegen in mehreren Sessions aufeinander aufbauend Themen aus, ist es sinnvoller, die einmal eingeteilten Kleingruppen beizubehalten.

Folgende einfache Methoden können Sie einsetzen, um eine große Gruppe in Kleingruppen aufzuteilen:

Einfaches Durchzählen

1. Überlegen Sie, wie viele Kleingruppen Sie brauchen.
2. Lassen Sie die Teilnehmer der Reihe nach durchzählen. Je nachdem, wie viele Gruppen Sie brauchen, zählen die Teilnehmer von 1 bis zur Anzahl der Gruppen (also bei 3 Gruppen bis 3, bei 4 Gruppen bis 4 usw.). Der erste Teilnehmer links von Ihnen beginnt mit »1«, sein linker Nachbar setzt fort mit »2«, dessen linker mit »3« usw.
3. Am Ende müssen sich alle 1er zusammenfinden und bilden eine Gruppe, alle 2er bilden eine Gruppe usw.

Nach Entfernung zum Wohnort

1. Bitten Sie die Teilnehmer, sich in einer Reihe nach Entfernung vom Workshop-Raum zu ihrem Heimatort sortiert aufzustellen. Ganz links steht derjenige, der am weitesten entfernt wohnt, ganz rechts der, der am nächsten wohnt.
2. Überlegen Sie, wie viele Gruppen Sie brauchen.
3. Teilen Sie die Reihe in so viele Blöcke ein, wie Sie Gruppen brauchen. Beginnen Sie dabei ganz links.

Sie können diese Methode variieren, indem Sie die Teilnehmer nicht nach Entfernung zum Heimatort sortieren, sondern z.B. nach …

- Anfangsbuchstabe des Vornamens oder Nachnamens
- Jahren der Betriebszugehörigkeit
- Zurückgelegter Entfernung der weitesten Urlaubsreise
- Geburtsmonat oder -tag im Monat

Vermeiden Sie eine Reihung nach körperlichen Eigenschaften. Dies hat oft eine Geschlechtertrennung, z. B. bei Sortierung nach Körpergröße, und negative Stimmung zur Folge.

Die Goody-Methode

Für diese Methode benötigen Sie eine Schachtel mit unterschiedlichen Süßigkeiten. Wenn sich in einer Schachtel z. B. acht unterschiedliche Süßigkeiten befinden, können Sie mit der Goody-Methode maximal acht Gruppen bilden [Zellinger, 2012].

1. Nehmen Sie unauffällig (!) so viele unterschiedliche Sorten von Süßigkeiten, wie Sie Gruppen brauchen. Je Sorte nehmen Sie so viele einzelne Süßigkeiten, wie eine Kleingruppe Teilnehmer haben soll.
2. Geben Sie genau die abgezählten Süßigkeiten in die Schachtel zurück, alle anderen legen Sie auf die Seite – natürlich ebenfalls unauffällig.
3. Geben Sie ganz charmant die Schachtel durch und bitten Sie jeden Teilnehmer, sich eine Süßigkeit auszusuchen. Wenn einer der Teilnehmer keine möchte, bringen Sie ihn höchst elegant und unauffällig dazu, doch eine zu nehmen.
4. Nachdem sich die Teilnehmer ausreichend über die nette Geste gefreut haben, weisen Sie sie an, sich in Gruppen entsprechend der gewählten Sorte von Süßigkeiten zusammenzufinden.

2.4.2 Entscheidungen treffen und Konflikte lösen

In Anforderungsworkshops müssen immer wieder Entscheidungen getroffen werden. Manchmal kommt es dabei zu Konflikten. Um solche Situationen gut zu meistern, vereinbaren Sie bereits beim Start des Workshops, wie Entscheidungen getroffen werden. Klären Sie dabei, wie Entscheidungen im Normalfall zustande kommen und was passieren soll, wenn sich die Gruppe nicht einigen kann.

Bei homogenen Gruppen können Sie in der Entscheidungsfindung auf demokratische Methoden setzen. Sind Fachwissen oder Entscheidungsbefugnis ungleich verteilt, indem beispielsweise Mitarbeiter aus einer Fachabteilung und deren Abteilungsleiter oder Fachmitarbeiter und Softwareentwickler teilnehmen, wird es schon schwieriger. Dazu sollten Sie unbedingt folgende Fragen mit den Teilnehmern klären:

- Haben bei Abstimmungen alle dasselbe Stimmrecht? Zum Beispiel Mitarbeiter und ihr Vorgesetzter, Fachmitarbeiter und Softwareentwickler?
- Hat jemand, z.B. der Vorgesetzte, ein Vetorecht und kann Entscheidungen ablehnen?

Streben Sie immer möglichst demokratische Entscheidungsprozesse an, die aber den letztverantwortlichen Entscheidungsträgern ein Vetorecht einräumen. Die Qualität und vor allem die Akzeptanz der Lösungen werden dadurch deutlich erhöht.

Ein Beispiel aus der Praxis für Regeln zur Entscheidungsfindung:

- »Wir versuchen, uns auf eine gemeinsame Lösung zu einigen.
- Gelingt uns das nicht, stimmen wir ab. Die Mehrheit entscheidet.
- Kommt es zu keinem Ergebnis, entscheidet der Projektleiter alleine.
- Kann er nicht sofort entscheiden, wird auf den nächsten Termin vertagt.
- Finden wir beim nächsten Termin wieder keine Lösung, eskalieren wir das Problem an den Auftraggeber.«

Oft sind Entscheidungen aufgrund fehlender Informationen nicht möglich. Hier bringt weder Abstimmen noch Delegieren an den Projektleiter oder bloßes Vertagen einen Fortschritt. In solchen Fällen müssen erst die Informationen beschafft werden, die die Entscheidung ermöglichen. Dies kann einfache Recherchen erfordern oder das Hinzuziehen von zusätzlichen Experten oder das Erstellen von Prototypen und Technologiestudien. Protokollieren Sie dies als Moderator und nehmen Sie die Maßnahmen zur Informationsbeschaffung als To-do auf.

Folgende Techniken, die teilweise auch in [Pohl & Rupp, 2011] zu finden sind, helfen beim Treffen von Entscheidungen im Workshop:

- **Einigung:**
  Die Teilnehmer tauschen Informationen zu den Lösungsvorschlägen aus. Aufgrund der Informationen einigen sie sich auf einen der Vorschläge. Alle Bedürfnisse können erfüllt werden.
- **Kompromiss:**
  Die Teilnehmer kombinieren die bestehenden Lösungsvorschläge und eventuell neue Ideen zu einer für alle tragbaren Lösung. Jeder muss dabei Abstriche machen.
- **Variantenbildung:**
  Es wird keine Entscheidung getroffen, sondern alle Lösungsvarianten werden umgesetzt. Per Konfigurationseinstellung wird zur Laufzeit entschieden, welche Variante tatsächlich zum Einsatz kommt. Achtung! Diese Art der »Entscheidung« erhöht die Komplexität und somit den Aufwand für Entwicklung und Test sowie die Fehleranfälligkeit des Systems deutlich.

- **Abstimmung:**
  Bei der Abstimmung gibt jeder Teilnehmer seine Stimme für eine der Lösungen ab. Bei einer geraden Anzahl von Teilnehmern rechnen Sie gegebenenfalls mit einem Gleichstand. In diesem Fall ist eine weitere Technik für die Entscheidung notwendig.
- **Ober sticht Unter:**
  Bei dieser Technik wird die Entscheidung an einen einzelnen delegiert. Dies kann der hierarchisch höchste sein, z.B. der Projektleiter oder Auftraggeber, oder der fachlich geeignetste, z.B. der erfahrenste Entwickler oder der längstgediente Fachmitarbeiter.
- **Einfache Nutzwertanalyse:**
  Bei der Nutzwertanalyse wird jeder Lösungsvorschlag im Hinblick auf die wichtigsten Einflussfaktoren bewertet. Diese Werte werden gewichtet und addiert. Es gewinnt die Lösung mit der höchsten Gesamtpunktzahl.

Beispiel für eine einfache Nutzwertanalyse:

Problemstellung: **Welche Sprachen brauchen wir für die UI von MyBowTurnament?**	**Gewicht**	**Lösungsvarianten**		
		Nur Deutsch	**Deutsch u. Englisch**	**Beliebige Sprachen**
1. Kosten	1	**5**	**3**	**1**
2. Bedienerfreundlichkeit	4	**2**	**3**	**5**
3. Einfachheit der Daten	1	**5**	**4**	**1**
4. Umsetzungszeit	3	**5**	**4**	**2**
5. Potenzieller Kundenkreis	5	**3**	**4**	**5**
6. Testbarkeit	1	**5**	**5**	**1**
...	...	...	...	...
15. Qualität	2	**5**	**4**	**2**
Summe (höher ist besser)		**112**	**134**	**125**

Sieger ist in diesem Beispiel die Alternative »Deutsch u. Englisch«.

Die Nutzwertanalyse sollten Sie sehr vorsichtig einsetzen. Oft werden die Punktewertungen von den Teilnehmern bewusst oder unbewusst manipuliert, um das insgeheim gewünschte Ergebnis zu erzielen.

Wenn Sie in einem Workshop eine Entscheidung getroffen haben, dokumentieren Sie dies entweder auf einem eigenen Flipchart oder in einem extra Besprechungsprotokoll. Ansonsten besteht die Gefahr, dass man später im Projekt dasselbe Thema nochmals diskutiert.

2.4.3 Mit schwierigen Situationen umgehen

In Workshops finden wir uns als Moderator immer wieder in schwierigen Situationen wieder, in denen wir Konflikte schlichten, die Teilnehmer motivieren oder unsere eigene Position verteidigen müssen. Die folgenden Tipps können Ihnen helfen, diese Situationen zu meistern. Es ist dazu jeweils ein typischer Problemsatz angegeben und dann ein kleiner Tipp zum Umgang damit. Viele weitere gute Anregungen finden Sie in [Wicke, 2000].

- **»Hm, gute Frage. Das habe ich mir noch nicht überlegt«:**
  Fehlende Informationen können Sie durch gute Vorbereitung vermeiden. Das bedeutet, dass sowohl Sie als Moderator sich vorbereiten müssen als auch die Teilnehmer. Informieren Sie diese unbedingt rechtzeitig vor dem Workshop, was das Thema ist und was sie vorbereiten müssen.
- **»Oh, bin ich zu spät?«:**
  Beginnen Sie Workshops immer pünktlich. Wenn noch wichtige Stakeholder fehlen, beginnen Sie trotzdem und lassen Sie die Vorstellung von Inhalt und Agenda etwas länger ausfallen. Trifft ein Teilnehmer später ein, geben Sie ihm eine kurze Zusammenfassung, was bisher geschah.
- **»Verzeihung, ich habe mich in der Tür geirrt.«:**
  Störungen haben immer Vorrang. Egal ob es ein verirrter Besucher ist oder ein Konflikt unter den Teilnehmern. Kümmern Sie sich immer erst um die Beseitigung der Störung. Nur so können die Teilnehmer konzentriert und effektiv arbeiten.
- **»Das haben wir schon probiert. Wird nicht gehen.«:**
  Killerphrasen wie diese sollen eine Diskussion beenden. Fragen Sie am besten genau nach: Was wurde schon probiert? Wie sah das Ergebnis im Detail aus? Was waren die genauen Rahmenbedingungen?
- **»Wir möchten das jetzt nicht machen!«:**
  Wenn die Teilnehmer eine Methode ablehnen, fragen Sie nach, warum, und ob sie einen anderen Vorschlag haben. Wenn das Ziel des Workshops auch so erreicht werden kann, können Sie auf den Vorschlag ruhig eingehen. Sehen Sie das Ziel gefährdet, sagen Sie das den Teilnehmern und versuchen Sie einen Kompromiss zu finden.
- **»Nur noch ein Satz!«:**
  Vielredner bringen den Zeitplan durcheinander und verhindern, dass andere sich einbringen. Warten Sie nicht auf das Ende des Monologs eines notorischen Vielredners, sondern unterbrechen Sie ihn. Danken Sie ihm für seinen Beitrag und übergeben Sie das Wort z.B. mit einer Bitte um Feedback an einen anderen Teilnehmer. Gegebenenfalls reden Sie in der nächsten Pause vertraulich mit dem Vielredner und bitten ihn, auch die anderen zu Wort kommen zu lassen.

Mit Fragen führen

Als Moderator leiten Sie den Workshop vor allem durch die Fragen, die Sie stellen. Fragen Sie möglichst offen, sodass freie Antworten möglich sind. Vermeiden Sie rhetorische Fragen und Suggestivfragen, diese wirken manipulativ. Beantworten Sie Fragen nicht mit Gegenfragen, dies wirkt provozierend. Wenn die Teilnehmer eine inhaltliche Frage an Sie richten, die Sie als Moderator nicht beantworten wollen, geben Sie die Frage an die Gruppe zurück und bitten Sie die Gruppe um die Beantwortung. Weiterführende Infos zu Fragetechniken finden Sie in [Seifert, 2014].

Neue Energie in die Gruppe bringen

Immer wenn die Teilnehmer Ermüdungserscheinungen zeigen, z.B. nach dem Mittagessen, oder Schwierigkeiten haben, sich in langen Workshops zu konzentrieren, können Sie Auflockerungsübungen einsetzen. Diese helfen den Teilnehmern, den Kopf wieder freizubekommen und neue Energie für die Arbeit an den Themen zu gewinnen. In jedem Workshop kommt irgendwann ein solcher Punkt, an dem die Teilnehmer frische Energie brauchen. Sie sollten daher immer einige Spiele im Kopf haben und bei Bedarf einsetzen. Viele Auflockerungsübungen kann man im Internet finden. Eine Reihe von Quellen finden Sie auch im Literaturverzeichnis im Anhang, z.B. [Rachow, 2012].

Folgende einfachen Übungen können Sie einsetzen, um eine Gruppe wieder zu aktivieren:

Gordischer Knoten

Eine gute Übung zum Auflockern ist der »Gordische Knoten« [Klee, 2006]. Dabei gewinnen die Teilnehmer neue Energie durch Bewegung und Zusammenarbeit.

1. Alle Teilnehmer stellen sich im Kreis auf und schließen die Augen.
2. Die Teilnehmer strecken die Hände aus und gehen nach vorne, bis sie die Hände eines anderen Teilnehmers spüren. Diese fassen sie dann fest. Die Teilnehmer stehen nun dicht gedrängt zusammen und haben die Hände scheinbar unentwirrbar verknotet.
3. Die Teilnehmer dürfen die Augen wieder öffnen. Sie müssen nun versuchen, wieder in einen Kreis zurückzukommen, ohne dabei die gefassten Hände loszulassen.

Zahlenchaos

Ziel dieses Spieles ist es, die Zahlen von 1 bis zur Anzahl der Teilnehmer in zufälliger Reihenfolge aufzuzählen. Es dürfen dabei keine zwei genannten Zahlen am Zahlenstrahl nacheinander liegen. Keine Zahl darf doppelt genannt werden.

1. Die Teilnehmer stellen sich im Kreis auf.
2. Werfen Sie einem der Teilnehmer den Moderationsball zu.
3. Der Teilnehmer muss eine beliebige Zahl zwischen 1 und der Anzahl der Teilnehmer sagen.
4. Danach wirft er den Ball einem anderen Teilnehmer zu.
5. Dieser muss wiederum eine Zahl zwischen 1 und der Anzahl der Teilnehmer sagen, die nicht direkt auf die eben genannte Zahl folgt und die noch nicht genannt wurde.
6. Danach wirft er den Ball einem anderen Teilnehmer zu usw., bis alle Zahlen genannt wurden.

Macht ein Teilnehmer einen Fehler, beginnt das Spiel wieder bei 1.

2.4.4 Visualisieren von Inhalten

»Ein Bild sagt mehr als 1000 Worte.« Dieses Prinzip können wir in unseren Workshops nutzen, um die Teilnehmer mit Bildern zu unterstützen, wichtige Ideen und Aspekte besser zu verstehen und sich leichter zu merken. Diese Technik nennt man Visualisierung. Visualisieren bedeutet, abstrakte Aspekte und Zusammenhänge bildhaft darzustellen. Visualisieren ist nicht Malen. In Workshops müssen wir schnell Punkte veranschaulichen, für schönes Zeichnen und Malen ist meist keine Zeit.

Üben Sie unbedingt das schnelle und trotzdem leserliche Schreiben am Flipchart. Lernen Sie Zeichnen. Es reichen meist wenige Symbole, um einen Großteil der Themen in Anforderungsworkshops visualisieren zu können. Ich empfehle Ihnen das großartige Buch »Visualisieren leicht gemacht: Talentfrei Zeichnen lernen und professionelle Flipcharts erstellen« von Brigitte Seibold [Seibold, 2012]. Mit diesem Buch schafft es jeder in kürzester Zeit, passable Zeichnungen hinzubekommen.

Einige Ideen für Visualisierungen

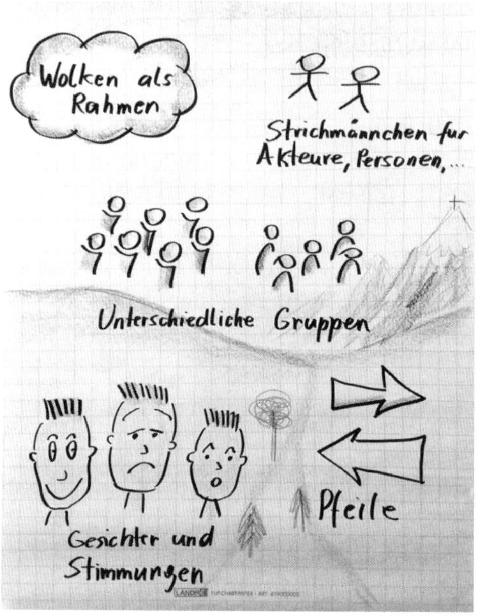

Abb. 2–13 *Einige Beispiele für kleine, einfache Visualisierungen*

Es gibt bereits viele gute Bücher für die Visualisierung und Gestaltung von Flipcharts. Hier seien nur die wichtigsten Tipps aus [Seifert, 2014] angeführt:

- Verwenden Sie maximal drei Farben.
- Fassen Sie Zusammengehöriges räumlich zusammen.
- Heben Sie Wichtiges durch Farben, Rahmen, Unterstreichung etc. hervor.
- Verwenden Sie keine Abkürzungen, schreiben Sie alles aus.
- Geben Sie jedem Flipchart einen Titel und wenn nötig eine Nummer.

Texte sind oft ein Teil der Visualisierung. Folgende vier »Verständlichmacher« können Ihnen helfen, Ihre Texte verständlicher zu schreiben:

- Einfachheit:
  Verwenden Sie geläufige Wörter und kurze Sätze.
- Gliederung:
  Gliedern Sie mit Überschriften und optischen Blöcken.
- Kürze:
  Konzentrieren Sie sich auf die Botschaft. Weglassen ist die Kunst.
- Zusätzliche Stimulation:
  Verwenden Sie Farben, gezeichnete Beispiele und Skizzen zur Verdeutlichung der Aussagen.

PowerPoint oder Flipchart?

PowerPoint-Präsentationen sind Energiefresser. Sie binden die Aufmerksamkeit der Teilnehmer auf das Medium PowerPoint und lenken von der eigentlichen Aufgabe ab. Die Teilnehmer werden zu Zuschauern und identifizieren sich weniger mit den präsentierten Inhalten, da sie bei der Erstellung nicht beteiligt waren. Sie sollten daher Präsentationen in Workshops sehr sparsam einsetzen.

PowerPoint verwende ich nur zur Einführung in ein neues Thema, z.B. ein neues Fachgebiet, eine neue Technologie etc. Verwenden Sie aber wo immer es geht Flipcharts, Live-Demos und ähnliche Methoden, bei denen die Teilnehmer das Entstehen der Lösung mitansehen und mitgestalten können.

2.5 Vorbereitung und Moderationsplan

Ein Workshop muss genau vorbereitet werden. Diese Vorbereitung ist Aufgabe des Moderators. Wenn es für den Workshop einen Auftraggeber gibt, was im Requirements Engineering eher selten der Fall ist, ist auch er in die Vorbereitung eingebunden und gibt Ziele, Ergebnis und Rahmen vor. In der Regel aber planen Sie als Requirements Engineer den Workshop alleine.

Bevor Sie mit den ersten Workshops starten, überlegen Sie, welches Thema wann im Projektverlauf bearbeitet werden soll. Erstellen Sie dazu eine Roadmap für die Themen und Workshops (siehe Kap. 3). Mit der Roadmap als rotem Faden durchs Projekt können Sie Ihre Workshops planen. Die Planung eines Workshops umfasst inhaltlich die folgenden Punkte [Zellinger, 2012]:

- **Ziele** des Workshops
- Zu erarbeitende **Ergebnisse**
- Zu behandelnde **Themenfelder**. Ein Beispiel wäre hierfür »Schnittstellen«. Das heißt, im Workshop dreht sich alles um Schnittstellen des Systems. Im ersten Teil werden Sie sich vielleicht mit den Stakeholdern einen Überblick über die zu bauenden Schnittstellen verschaffen und im zweiten dann die wichtigsten Schnittstellen in Kleingruppen genauer beschreiben.
- Zu verwendende **Methoden** für die einzelnen Phasen des Workshops
- Genauer zeitlicher **Ablauf**
- **Vorbereitungsaufgaben** für die Teilnehmer. Für verschiedene Themenstellungen müssen sich die Teilnehmer vorbereiten, z.B. Unterlagen suchen, Dokumente ausdrucken etc. Dies müssen Sie vorab planen und rechtzeitig an die Teilnehmer kommunizieren.

Über den reinen Inhalt hinaus müssen Sie die Rahmenbedingungen für den Workshop fixieren:

- **Datum und Uhrzeit** sowie Dauer des Workshops
- **Ort und Raum:**
  Für einen Workshop benötigen Sie viel Platz. Im Idealfall haben Sie einen zweiten Raum zur Verfügung, sodass sich die Kleingruppen bei der Ausarbeitung verteilen können.
- **Benötigte Hilfsmittel** (siehe Abschnitt 2.5.3)

2.5.1 Der Moderationsplan

Den genauen Ablauf und die verwendeten Methoden halten Sie in einem Moderationsplan fest [Seifert, 2014]:

Zielsetzung	Methode	Anmerkungen und Vorbereitung	Dauer [Minuten]
Agenda und Kennenlernen	Flipchart mit Agenda Selbstvorstellung	Flipchart mit Agenda	30
Schnittstellen Überblick	Brainstorming	Flipchart für Brainstorming	20
Priorisierung	Rosinenpicken		10
...	...	...	...

Ob Sie den Plan im Workshop 1:1 verwenden, werden Sie mit der Zeit im Gefühl haben. Der Moderationsplan stellt sicher, dass sich die Gruppe nicht in einem Detailthema »verplaudert« und dann am Ende zwar viel diskutiert hat, aber niemand recht weiß, was genau besprochen und entschieden wurde. In einem Workshop gibt es immer ein Ergebnis. Das erreicht man nur durch strukturiertes, moderiertes Vorgehen.

Es wird immer wieder vorkommen, dass Sie aus guten Gründen vom Plan abweichen müssen. Das ist in Ordnung, solange Sie das Ziel des Workshops erreichen und die Roadmap im Blick haben. Der Moderationsplan ist ein Werkzeug für Sie als Moderator und kein sklavisch einzuhaltendes Gesetz.

2.5.2 Teilnehmer einladen

Mindestens zwei Wochen vor dem Workshop sollten Sie die Teilnehmer einladen. Informieren Sie die Teilnehmer in einer Einladungsmail über folgende Punkte:

- Zielsetzung und gewünschte Ergebnisse
- Ort und zeitlicher Rahmen, also Datum, Uhrzeit und Dauer
- Wenn nötig: Anreise- und Übernachtungsmöglichkeiten
- Agenda: Grobe Themenblöcke, die Detailmethoden sind nicht notwendig
- Teilnehmerliste
- Dinge, die die Teilnehmer vorbereiten müssen

2.5.3 Checkliste zur Vorbereitung eines Workshops

Diese Checkliste sollten Sie vor jedem Workshop durchgehen:

Checkliste für die Workshop-Vorbereitung
Teilnehmer
Sind die Teilnehmer festgelegt?
Sind die Teilnehmer eingeladen?
Sind die Teilnehmer über alles Notwendige informiert? (Ziele, Datum , Uhrzeit, Ort, Dauer, wichtig: Vorbereitungsaufgaben)
Haben alle Teilnehmer zugesagt?
Inhaltliche Planung
Sind die Ziele und die zu erstellenden Ergebnisse des Workshops klar?
Sind die zu behandelnden Themenfelder festgelegt?
Struktur und Ablauf
Sind die einzusetzenden Methoden ausgewählt?
Ist der zeitliche Ablauf genau geplant (Beginn, Ende, Dauer)?
Sind ausreichend Pausen eingeplant (alle zwei Stunden eine Pause)?
Workshop-Raum
Ist der Raum für die Workshop-Dauer plus Puffer vorher und nachher gebucht?
Ist der Raum groß genug?
Sind ausreichend Stühle und Tische vorhanden?
Ist ein zweiter Raum verfügbar, sodass sich die Gruppen aufteilen können?

→

Checkliste für die Workshop-Vorbereitung
Moderationshilfsmittel
Sind ausreichend Flipchartständer und Papier vorhanden?
Sind ausreichend Pinnwände mit Packpapier und Nadeln vorhanden?
Sind ausreichend Stifte für die Teilnehmer vorhanden? Stifte ausprobieren!
Ist ein Beamer vorhanden? Ausprobieren!
Ist mein Moderationskoffer vollständig bestückt?
Ist ein Internetzugang vorhanden? Auch für die Teilnehmer? Ausprobieren!
Verpflegung
Ist für ausreichend Snacks, Kaffee und Getränke in den Pausen gesorgt?
Ist ein Mittagessen organisiert und ggf. ein Tisch reserviert?

2.5.4 Sitzordnung

Als Sitzordnung empfehle ich Ihnen ein »U« (siehe Abb. 2–14). Ein Sesselkreis ohne Tische hat sich in Anforderungsworkshops nicht bewährt, da immer wieder mit vorbereiteten Unterlagen gearbeitet wird oder die Teilnehmer etwas mitschreiben möchten.

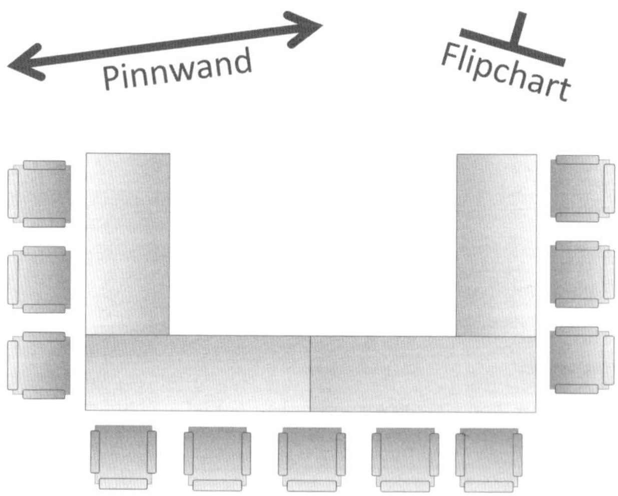

Abb. 2–14 *Sitzordnung in »U«-Form mit Tischen*

Seien Sie mindestens eine Stunde vor Beginn des Workshops im Workshop-Raum. So können Sie in Ruhe ankommen, Ihre Hilfsmittel vorbereiten und wenn nötig die Sitzordnung herstellen.

2.5.5 Moderationskoffer

Der Moderationskoffer beinhaltet alle Hilfsmittel, die Sie als Moderator für einen Workshop brauchen:

Inhalt für den Moderationskoffer

- Flipchartstifte
  - mit schräger Spitze
  - zumindest in den Farben Rot, Blau, Grün und mehrere schwarze
  - Achten Sie darauf, dass sich die Stifte nicht durch Papier durchdrücken.
- Klebstoff
- Normales Klebeband, sollte leicht abreißbar sein
- Maurerkrepp zum Aufhängen von Flipcharts an Wände. Maurerkrepp löst sich rückstandsfrei wieder von den Wänden ab.
- Schere
- Moderationskarten in mehreren Farben und Formen
- Moderationsball
- Klebepunkte
- Kugelschreiber
- Bleistifte, Radiergummi und Spitzer
- Pinnwandnadeln
- Wachsmalblöcke
- Post-its in verschiedenen Farben
- Das Buch »*Visualisieren leicht gemacht: Talentfrei Zeichnen lernen und professionelle Flipcharts erstellen*« von Brigitte Seibold

Wenn Sie so wie ich viel unterwegs sind, ist es praktisch, die Utensilien in eine Kulturtasche zu packen. Diese kann man leicht im jedem Rucksack oder Koffer mitnehmen.

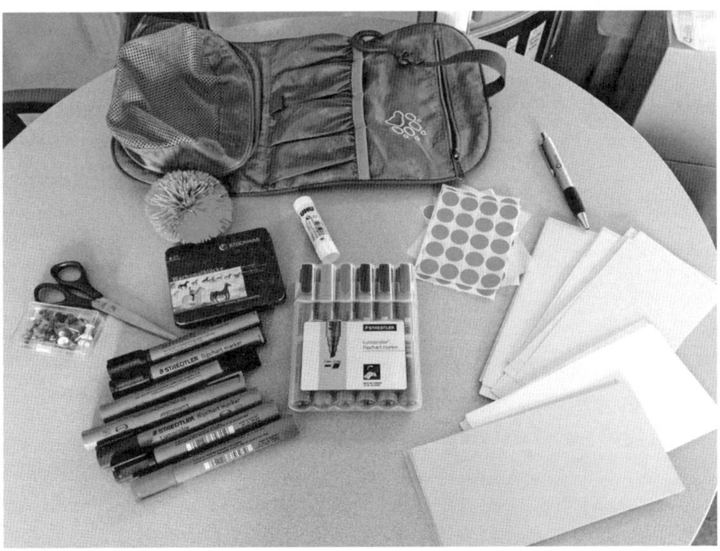

Abb. 2–15 *Mein Moderationskoffer*

2.6 Nach jedem Workshop

Nachdem die Teilnehmer gegangen sind, erstellen Sie das Protokoll und lassen den Workshop nochmals Revue passieren, um für das nächste Mal daraus zu lernen.

2.6.1 Ein Protokoll erstellen und verschicken

Fotografieren Sie alle Flipcharts und Pinnwände und erstellen Sie daraus ein Fotoprotokoll zum Beispiel in Microsoft PowerPoint. Ich erstelle in den meisten Workshops nebenbei noch ein Word-Besprechungsprotokoll. Dieses verwende ich unter anderem für Folgendes:

- Das Führen des Glossars
- Notizen zu Themen, die keinen Platz auf den Flipcharts finden
- Das Dokumentieren von Entscheidungen und deren Zustandekommen
- Alles, was mir am Workshop-Ablauf selbst auffällt und als Input für meine Lessons Learned dienen kann

Verschicken Sie die Protokolle an alle Teilnehmer. Weisen Sie nochmals auf To-dos und nächste Schritte hin. Am besten schreiben Sie diese explizit ins Mail.

Ein »Gesamtprotokoll« führen

Als sehr praktisch hat sich auch das Führen eines »Gesamtprotokolls« erwiesen. Dies ist ein einfaches Dokument, in das alle Protokolle der einzelnen Workshops zusammenkopiert werden. Jedes Workshop-Protokoll wird dabei als eigenes Kapitel ins Gesamtprotokoll aufgenommen.

Eine etwas aufwendigere Variante ist die Gliederung des Gesamtprotokolls nach Themen, z.B. nach Prozessen, Fachgebieten etc. Die Hauptkapitel sind hier die Themen. Die Protokolle der einzelnen Workshops werden nach Themen zerlegt und diese Teile als Unterkapitel in die einzelnen Themenkapitel eingefügt.

Egal welche Variante Sie wählen, das Gesamtprotokoll ermöglicht in jedem Fall ein sehr schnelles und einfaches Finden aller Informationen zum Projekt.

2.6.2 Persönliche Lessons Learned

Nach jedem Workshop ist es Zeit für eine kleine Retrospektive für Sie als Moderator [Seifert, 2014]. Stellen Sie sich dazu diese Fragen:

- Haben wir im Workshop die gesetzten Ziele und Ergebnisse erreicht?
- War die Auswahl der Teilnehmer passend?
- Waren Ablauf des Workshops und Auswahl der Methoden optimal?
- Wie war das Zeitmanagement?
- Gab es kritische Diskussionen und Konflikte? Wie war mein Umgang damit?
- Muss etwas an den Rahmenbedingungen verändert werden?
- Was kann ich das nächste Mal besser machen?

Nutzen Sie die Antworten zur Verbesserung Ihrer eigenen Fähigkeiten. Überarbeiten Sie damit auch Ihre Checklisten, Moderationspläne und Hilfsmittel.

3 Roadmap zur Anforderungsermittlung

Bevor Sie Ihre ersten Anforderungsworkshops planen und die Einladungen verschicken, sollten Sie sich eine Roadmap zurechtlegen, welche Themen Sie wann bearbeiten wollen.

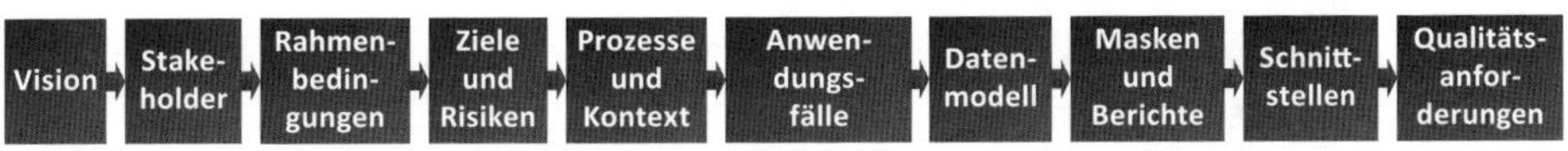

Abb. 3–1 *Grundsätzliche Vorgehensweise in der Anforderungsermittlung*

Wie Sie die Roadmap für Ihr Projekt gestalten, hängt von Ihrer grundsätzlichen Vorgehensweise zur Anforderungsermittlung im Projekt (siehe Abb. 3–1) und einigen weiteren Faktoren ab:

- **Projektart und Inhalt:**
  Für neue Projekte, bei denen Sie den Fachbereich noch nicht kennen, müssen Sie wesentlich mehr Zeit in die frühen, fachlich dominierten Ermittlungsphasen investieren, als wenn Sie eine bestehende Software weiterentwickeln. In Weiterentwicklungsprojekten sind meist die Rahmenbedingungen, Qualitätsanforderungen, die grundlegende Benutzerschnittstelle etc. bereits gegeben. Hier kann man sich etwas direkter auf die Funktionen stürzen. Ein Ermitteln der Ziele ist jedoch immer unabdingbar.
- **Projektgröße:**
  Große Projekte mit mehreren beteiligten Abteilungen, Hunderten Anwendungsfällen, vielen betroffenen Prozessen und nachfolgendem Entwicklungsaufwand von vielleicht mehreren Personenjahren benötigen natürlich längere und intensivere Workshops als kleine Projekte.
- **Verfügbarkeit der Teilnehmer:**
  Manche noch so schönen Workshops werden Sie nicht durchführen können, weil schlicht und ergreifend die Teilnehmer keine Zeit haben, nicht anreisen dürfen etc. Damit müssen Sie leben. Versuchen Sie sich in diesen Fällen so gut es geht in die fehlenden Teilnehmer hineinzuversetzen und für diese mitzudenken.

- **Fachliches und technisches Know-how:**
  Je mehr Fachwissen und technisches Know-how Sie selbst haben, desto besser können Sie Dinge antizipieren und vorschlagen. Doch Vorsicht! Dies spart zwar viel Zeit, birgt jedoch die Gefahr, dass Sie ein kleines, aber kritisches Detail doch nicht wissen und somit im Projekt wesentliche Aspekte fehlen. Im Zweifelsfall gilt, lieber einmal die Teilnehmer mit einer doppelten Frage nerven, als eine Frage zu wenig gestellt haben.

Abbildung 3–2 zeigt eine mögliche Roadmap für eine Systemneuentwicklung.

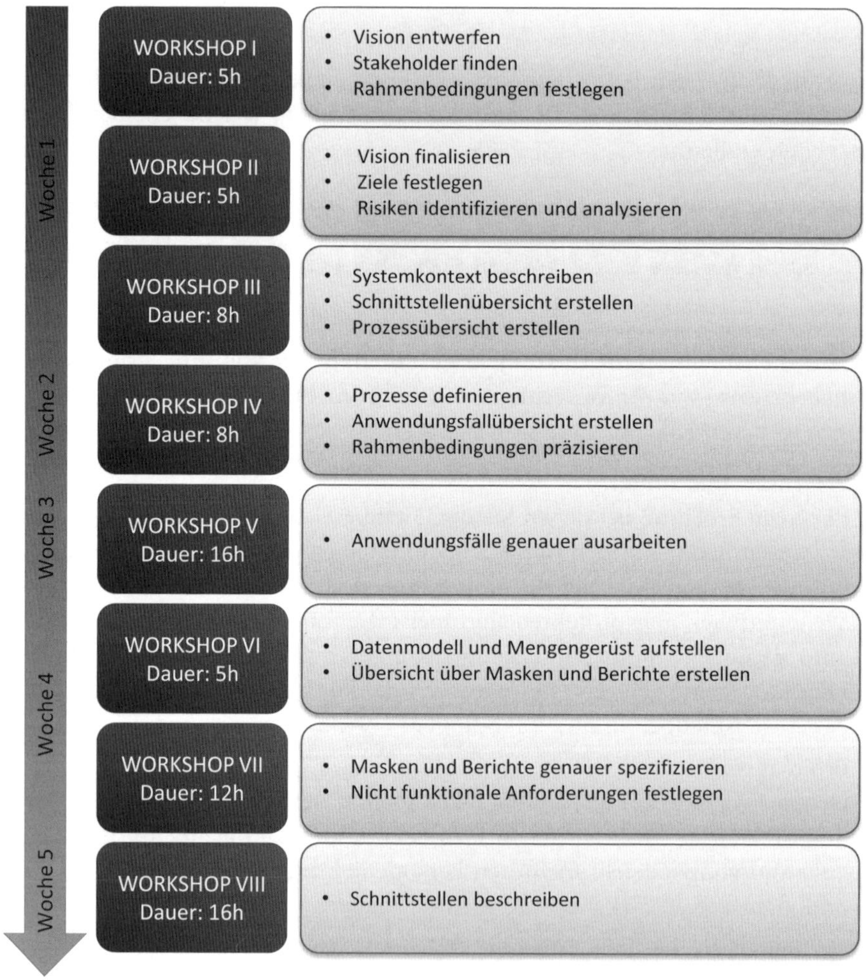

Abb. 3–2 *Roadmap für die Anforderungsworkshops in einem neuen Projekt*

Haben Sie den groben Fahrplan in der Roadmap abgesteckt, geht es an die Detailplanung der Workshops. In Anhang A finden Sie Beispielpläne für einige der Anforderungsworkshops.

4 Vision

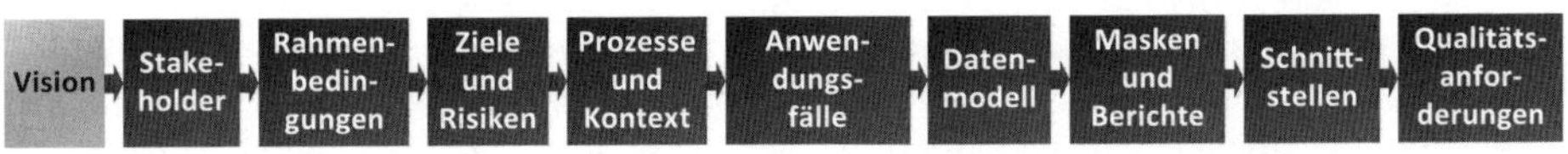

Jedes Projekt beginnt mit der einfachen Frage an den Auftraggeber: »Bitte beschreiben Sie im Überblick, wofür Sie das neue System brauchen und was es können soll!« Der erste Schritt ins Projekt ist also eine kurze, grobe Beschreibung aus 10 km Flughöhe. Genau das ist das Ziel der Vision.

Die Vision dient dazu, ein gemeinsames Bild des neu zu gestaltenden Systems zu entwerfen. Sie ist wie das Gipfelkreuz bei einer Wanderung. Sie gibt Orientierung und ein Ziel. Wenn es im Projekt schwierig wird, schaut man auf die gemeinsame Vision und wird wieder daran erinnert, wo man eigentlich hin möchte. Die Vision ist etwas sehr Positives. Sie vereint das gesamte Team und alle Stakeholder auf dem Weg durch das Projekt.

Denken Sie hier weit in die Zukunft. Viele Softwareprodukte sind 10 Jahre und mehr im Einsatz. Darauf müssen wir uns vom ersten Tag an vorbereiten und das System zukunftssicher machen. Seien Sie im wahrsten Sinne des Wortes visionär und bereiten Sie das System auf die Anforderungen von übermorgen vor.

Die Vision ist kurz und motivierend formuliert. Sie dient dazu, den Beteiligten und allen anderen Interessierten zu beschreiben, was man eigentlich im Projekt erreichen möchte und warum das eine sinnvolle Sache ist [Schwaber, 2004].

4.1 Elevator Pitch: Das Projekt in einer Liftfahrt

Stellen Sie sich vor, Sie treffen im Lift einen reichen Investor und möchten ihn dazu bewegen, Ihr Projekt zu finanzieren. Sie haben jetzt genau eine Liftfahrt lang Zeit, ihn für Ihr Projekt zu begeistern. Was sagen Sie in diesen entscheidenden zwei Minuten? Ein Elevator Pitch (»Aufzugsgespräch«) ist als kurze, motivierende Präsentation eines Anliegens genau für solche Situationen gedacht. Er bringt in wenigen Sätzen Ihre Ideen und Ziele auf den Punkt [Moore, 2006].

Beispiel für einen Elevator Pitch für unsere Bogenturnier-Anwendung

MyBowTurnament – unsere Vision

Sich als Bogenschütze in einem Turnier mit sich selbst und anderen messen ist ein tolles Erlebnis. In einer motivierten Gruppe von Ziel zu Ziel wandern, sich voll konzentrieren und dann den einen Pfeil direkt in die Mitte. Wow! Es wäre wirklich perfekt, wäre da nicht dieses lästige Anmelden, Ergebnisse mitschreiben, Zettel herumtragen und dann die ewige Warterei auf die Wertung.

Das wollen wir jetzt ändern!

Mit MyBowTurnament kann ich mich als Schütze voll auf das Turnier konzentrieren. Meine Punkte zähle ich bequem am Smartphone und sehe sofort, wo ich im Vergleich zu meinen bisherigen Turnieren, aber auch zu anderen Teilnehmern stehe. Keine lästige Zettelwirtschaft im Wald, kein verzweifeltes Suchen von Stiften. Einmal registriert, ist das nächste Turnier nur einen Klick entfernt. Bequem kann ich aus dem Turnierkalender meine Teilnahme planen, mich anmelden und am Turniertag ganz entspannt ankommen und loslegen.

Als Veranstalter habe ich jederzeit auf Knopfdruck den Überblick über alle Teilnehmer am Turnier. Kein aufwendiges Registrieren der Schützen, perfekte Planbarkeit, kein fehleranfälliges Abtippen der Punktezettel am Schluss. Und die Schützen fühlen sich rundum professionell betreut.

Hingehen, treffen, gewinnen. Alles andere macht MyBowTurnament!

Methode	Elevator Pitch
Teilnehmer	▪ Auftraggeber ▪ Projektteam ▪ Evtl. Marketing und Vertrieb
Hilfsmittel	▪ Zettel und Stifte für jeden Teilnehmer ▪ PowerPoint-Präsentation und Beamer für die gemeinsame Konsolidierung
Gruppengröße	Maximal 10 Personen
Zeitbedarf	▪ 20 Minuten für Entwurf durch Teilnehmer ▪ 30 Minuten für gemeinsame Konsolidierung
Vorbereitung	▪ Bitten Sie den Auftraggeber um die Vorbereitung einer kurzen Beschreibung, wie er sich das Produkt vorstellt, was ihm wichtig ist und welche Ziele er damit verfolgt. ▪ Die Teilnehmer überlegen sich, was ihnen wichtig ist. ▪ Reden Sie mit einigen zukünftigen Anwendern, um ein Gefühl für das Thema zu bekommen. ▪ Für die Finalisierung bereiten Sie eine PowerPoint-Folie mit dem konsolidierten Entwurf vor.

So erarbeiten Sie einen Elevator Pitch

1. Stellen Sie die Ziele und die Idee für das Produkt kurz vor.
2. Jeder Teilnehmer schreibt für sich einen Entwurf für einen Elevator Pitch.
3. Einer der Teilnehmer sammelt die Entwürfe ein und erstellt einen konsolidierten Vorschlag. Diesen schickt er an Sie.
4. Sie bereiten eine PowerPoint-Folie mit dem Entwurf vor.
5. Beim nächsten Workshop diskutiert die Gruppe den konsolidierten Entwurf und erarbeitet die finale Version des Elevator Pitch.

Folgende Struktur aus der Werbung könnte nützlich sein [Seifert, 2014]

- Schritt 1:
  Das Problem plakativ übertrieben negativ darstellen.
- Schritt 2:
  Bisher vergebliche Lösungsversuche aufzählen.
- Schritt 3:
  Als Lösung das neue System mit seinen wesentlichen Funktionen und Vorteilen präsentieren.

Das können Sie in Ihren Elevator Pitch aufnehmen

- Was ist der Nutzen der Lösung?
- Was ist das Problem an der aktuellen Situation?
- Was sind die wichtigsten Funktionen der neuen Lösung?
- Für wen bauen wir das neue System? Wie groß ist der Markt?
- Wer sind unsere Mitbewerber und was machen wir besser?
- Wie profitieren die Nutzer davon?
- Warum ist die neue Lösung genial? Was sind die besonderen Punkte daran, die es noch nirgends gibt?
- Was werden unsere Kunden und Anwender in fünf Jahren brauchen?
- Wie macht das neue System die Welt zu einem besseren Ort?
- Was ist das langfristige Ziel für das neue System? Wo wollen wir hin?

Weitere Fragen finden Sie in Abschnitt 4.2.

Vielfach werden die Stakeholder hier schon Features und Funktionen nennen, die ihnen sehr wichtig sind. Das ist kein Problem. Sie können sie in die Vision einfließen lassen oder für später, z.B. für die Behandlung der Anwendungsfälle, notieren. Ich habe für solche Sachen immer ein zweites Flipchart, auf das ich sämtliche jetzt nicht behandelten Punkte für alle sichtbar notiere. Achten Sie auf jeden Fall darauf, dass die Vision nicht zu detailliert wird und den Nutzen des Systems klar in den Mittelpunkt stellt.

Die AIDA-Formel aus dem Marketing

Sie können auch die AIDA-Formel verwenden, um Ihre Vision zu formulieren [IREB C.-A., 2012; Seifert, 2014]:

Kriterium	Beschreibung
Attention	Aufmerksamkeit erzeugen, z.B. durch ■ Fragen stellen: Fragen fordern auf und regen zum Mitdenken an ■ Provozieren: Eine kuriose, paradoxe These aufstellen ■ Persönliche Betroffenheit herstellen
Interest	Interesse wecken, z.B. durch ■ Ein gemeinsames Problem ■ Persönlichen Nutzen aufzeigen
Desire	Bedürfnis ansprechen, z.B. durch ■ Beschreiben des Wunschzustandes
Action	Aktion auslösen, z.B. durch ■ Skizzieren der Lösungsidee

Schreiben Sie ruhig reißerisch und emotional, Sie wollen schließlich einen reichen Investor begeistern! Sie können Ihren Elevator Pitch auch mit einer Frage beginnen, z.B. »Wäre es nicht schön, wenn ...?«. Der Elevator Pitch sollte maximal eine halbe DIN-A4-Seite lang sein. Fassen Sie sich also kurz und bringen Sie es auf den Punkt. Eine Liftfahrt ist schnell vorbei.

4.2 Die Osborn-Checkliste zur Verfeinerung der Vision nutzen

Die Osborn-Checkliste ist ein spezieller Fragebogen, der die Befragten zu neuen, kreativen Aspekten der Lösung führen soll [Osborn, 1979]. Sie hilft im Projekt weitere mögliche Ziele und Nutzenaspekte zu finden. Die Osborn-Checkliste können Sie wie hier beschrieben als eigene Methode anwenden oder direkt in die Visionserstellung integrieren. Die Ergebnisse können entweder in die Vision oder in die konkreten Ziele einfließen (siehe Kap. 7).

Beispielfragen für die Osborn-Checkliste [IREB C.-A., 2012]

Folgende Fragen können Sie in Ihre Osborn-Checkliste aufnehmen. Ergänzen Sie sie um Fragen, die für Ihr Projekt wichtig sind.

- Kann man das Produkt auch anders verwenden?
- Gibt es bereits etwas Ähnliches und was können wir nachahmen?
- Was lässt sich ändern?
- Kann man andere Funktionen einbauen?
- Wie kann man das Produkt erweitern, veredeln oder teurer machen?

- Wie kann man das Produkt vereinfachen oder auf seine Grundfunktionen reduzieren?
- Kann man das Produkt oder Teile davon ersetzen?
- Kann man das Produkt oder Teile davon umstellen, in der Reihenfolge verändern oder anders kombinieren?
- Kann man auch das Gegenteil mit dem Produkt machen?
- Kann man das Produkt oder die Idee mit etwas anderem kombinieren?
- Lässt es sich als Baustein für etwas anderes verwenden?
- Wie können wir die Kernfunktionen noch flexibler gestalten?
- Was wird in fünf Jahren sein? Was wird das Produkt dann können müssen?

Methode	Osborn-Checkliste
Teilnehmer	■ Projektteam ■ Evtl. Auftraggeber ■ Querdenker (Inputgeber ohne Fach-Know-how)
Hilfsmittel	■ Vorbereitete Checkliste für Ihr Projekt ■ Flipchart und Stifte
Gruppengröße	Maximal 15 Personen
Zeitbedarf	■ 10 Minuten für Erklärung, Gruppeneinteilung und Fragenauswahl ■ 20 Minuten für Ausarbeitung der Ideen ■ 40 Minuten für Präsentation und Diskussion
Vorbereitung	■ Passen Sie die Osborn-Checkliste an Ihr Projekt an.

So wenden Sie die Osborn-Checkliste an

1. Teilen Sie die Gruppe in Kleingruppen zu maximal fünf Personen.
2. Bitten Sie jede Kleingruppe vier Fragen aus der Osborn-Checkliste auszuwählen. Es ist nicht entscheidend, welche Fragen ausgewählt werden. Wichtig ist der kreative Prozess, der in Gang gesetzt wird.
3. Die Kleingruppen bearbeiten ihre Fragen entweder mittels Szenariofragetechnik oder einer Kreativitätstechnik aus (siehe Abschnitte 2.3.2 und 2.3.4).
4. Jede Gruppe präsentiert ihre Ergebnisse. Laden Sie die anderen Teilnehmer explizit dazu ein, Fragen zu stellen und weitere Ideen einzuwerfen. Die Präsentationen dürfen ruhig zu kleinen Brainstormings werden. Notieren Sie neue Ideen mit.

Die entstandenen Ideen sollten Sie etwas ruhen lassen. Wenn Sie die Osborn-Checkliste im Rahmen eines ganztägigen Workshops einsetzen, wäre jetzt die Mittagspause optimal. Verwenden Sie die Ideen entweder zur Verfeinerung und Ergänzung der Vision oder als Input für die Erarbeitung der konkreten Ziele für das neue System.

4.3 Eine Produktbox macht das Projekt greifbar

Wenn Sie Ihr Produkt in einem großen Computerfachgeschäft im Regal verkaufen würden, wie würden Sie die Schachtel dafür gestalten? Mit der Produktbox-Methode entwerfen Sie genau diese Schachtel [Weilkiens, 2014]. Der Platz auf der Box ist begrenzt, das zwingt Sie dazu, Ihr Produkt kurz und prägnant zu beschreiben. Die Produktbox ist ein Marketinginstrument und wird für Käufer und Kunden gestaltet. Daher ist es wichtig, herauszuarbeiten, was Ihr Produkt kann und warum es sein Geld wert ist. Denken Sie daran, der Mensch ist ein optisch orientiertes Wesen, eine Produktbox sollte also neben Texten auch ein Logo, Icons, Screenshots etc. enthalten.

Beispiel für eine Produktbox für unsere Bogenturnier-Anwendung

Abb. 4–1 *Eine Produktbox selbst gestalten*

Methode	Produktbox
Teilnehmer	■ Projektteam ■ Architekten und Entwickler ■ Evtl. Auftraggeber ■ Evtl. Marketing und Vertrieb
Hilfsmittel	■ Eine schuhschachtelgroße weiße Kartonbox für jedes Team ■ Bastelutensilien wie bunte Stifte, Klebstoff, Scheren etc.
Gruppengröße	Maximal 10 Personen, die Ausarbeitung erfolgt in 2er-Teams
Zeitbedarf	■ 30 Minuten Gestaltung der Produktboxen in Kleingruppen ■ 30 Minuten Präsentation der Ergebnisse
Vorbereitung	Schachteln besorgen

So erstellen Sie eine Produktbox

1. Geben Sie je zwei Teilnehmern eine leere Schachtel und Stifte.
2. Jede Kleingruppe gestaltet ihre Produktbox.
3. Jede Gruppe stellt die Produktbox im Plenum vor. Die Präsentation darf durchaus als kleine Werbeveranstaltung gestaltet werden. Wie wäre es also mit aufregender Hintergrundmusik oder einer kleinen Tanzeinlage? Arbeit darf ruhig mal Spaß machen.

Tipps für die Gestaltung der Produktbox [IREB C.-A., 2012]

- Verwenden Sie kurze, prägnante Formulierungen.
- Nennen Sie die wichtigsten 3–4 Kaufkriterien.
- Zeichnen Sie Symbole und Bilder.
- Zitieren Sie positive Anwenderaussagen.
- Schreiben Sie eine kurze Erfolgsgeschichte.
- Erfinden Sie Zertifizierungen und gewonnene Preise.

Das Basteln einer Produktbox ist eine sehr lustige und motivierende Angelegenheit. Gönnen Sie das dem ganzen Projektteam, es fördert den Teamzusammenhalt und eine gute Zusammenarbeit. Stellen Sie die Produktboxen am besten im Projektbüro auf. Werfen Sie immer wieder einen Blick darauf, wenn es im Projekt gerade nicht so gut läuft.

5 Stakeholder

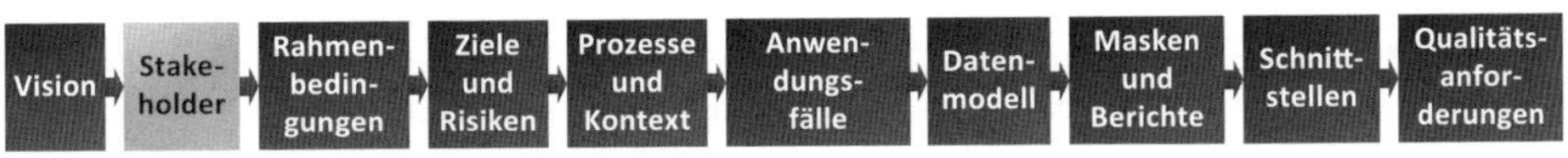

Stakeholder sind alle, die Einfluss auf die Anforderungen haben. Es ist kritisch für den Projekterfolg, alle Stakeholder zu identifizieren und entsprechende Vertreter verfügbar zu haben. Stakeholder sind nicht nur die Anwender des Systems selbst, sondern auch Anwender der Fremdsysteme, mit denen Daten ausgetauscht werden, Auftraggeber, Entwickler, Tester u.v.m. [Pohl & Rupp, 2011]. Bei der Stakeholder-Auswahl dürfen Sie niemanden vergessen. Sie sollten aber auch niemanden dazu nehmen, der nicht unmittelbar etwas beitragen kann, da dies zu überflüssigem Kommunikationsaufwand führt. Wichtig bei der Auswahl der Vertreter für die Stakeholder-Gruppen ist, dass die Personen Zeit haben und dem Projektteam zur Verfügung stehen. Des Weiteren müssen sie die fachliche und hierarchische Kompetenz haben, Entscheidungen zu treffen.

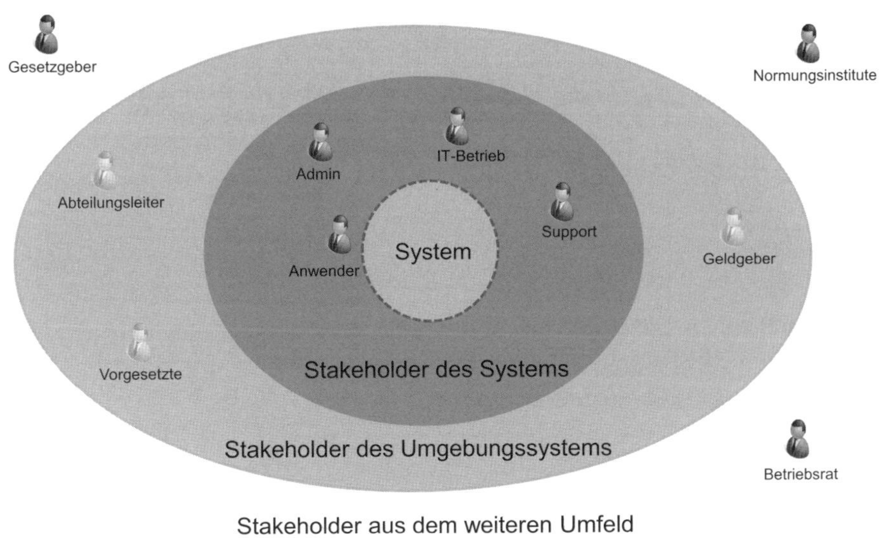

Abb. 5–1 *Unterschiedlichste Personen haben Einfluss auf die Anforderungen.*

5.1 Eine Stakeholder-Liste zusammenstellen

Die einfachste Form, einen Überblick über die Stakeholder zu bekommen und sie im laufenden Projekt zu verwalten, ist die Erstellung einer Stakeholder-Liste [Pohl & Rupp, 2011]. Diese beinhaltet zumindest folgende Informationen:

Stakeholder	Klasse	Vertreter	Ziele
Anwender	RE[a]- Kernteam	Hr. Müller	Einfache Bedienung, optimale Funktion
Geschäftsführer	Auftraggeber	Fr. Gruber	Geringe Umsetzungskosten
Entwickler	RE-Kernteam	Hr. Pichler	Ausreichend Zeit für die Umsetzung
…	…	…	…

a. Das »RE« in RE-Kernteam steht für Requirements Engineering. Das RE-Kernteam ist also der Teil des Projektteams, der in der Anforderungsermittlung mit dabei ist.

Beispiel einer Stakeholder-Liste für unsere Bogenturnier-Anwendung

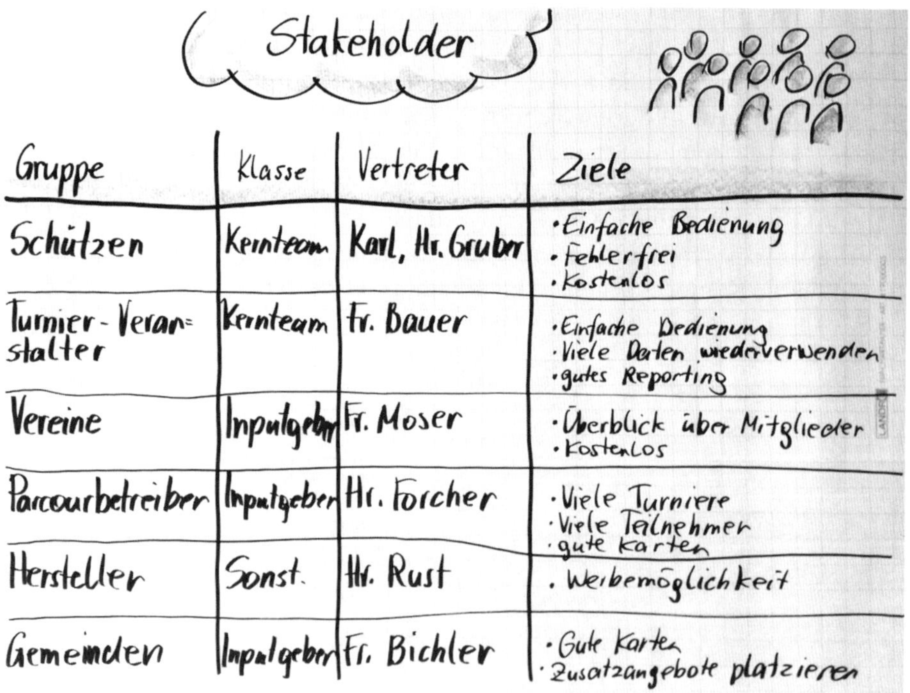

Abb. 5–2 *Die Stakeholder-Liste mit Vertretern und Zielen*

Methode	Stakeholder-Liste
Teilnehmer	■ Projektteam ■ Evtl. Auftraggeber
Hilfsmittel	■ Flipchart und Stifte ■ Impulsfragen zum Finden von Stakeholdern
Gruppengröße	Maximal 10 Personen
Zeitbedarf	90 Minuten
Vorbereitung	Teilnehmer überlegen vorab, wer Stakeholder sind.

So identifizieren Sie die Stakeholder in Ihrem Projekt

1. Versenden Sie die Impulsfragen zum Finden von Stakeholdern auf der nächsten Seite vorab an die Teilnehmer.
2. Im Workshop erarbeiten Sie gemeinsam die Stakeholder mithilfe der Impulsfragen. Sie stellen dabei als Moderator Fragen an die Gruppe und sammeln die Antworten in einer Liste am Flipchart.
3. Die Teilnehmer priorisieren die Stakeholder. Dazu teilen sie sie in folgende Klassen ein [Hass et al., 2008]:
   - **Auftraggeber:**
     Derjenige, der das Geld bereitstellt.
   - **RE-Kernteam:**
     Trifft Entscheidungen über Anforderungen, ist von nun an bei den Anforderungsworkshops dabei.
   - **Inputgeber:**
     Liefert Informationen, trifft aber keine Entscheidungen, z.B. Experten zu Fremdsystemen.
   - **Interessenten:**
     Muss über das Projekt informiert werden, ist aber nicht direkt beteiligt, Betriebsrat, Geschäftsführung etc.
   - **Sonstige**
4. Gemeinsam definieren Sie Vertreter, also konkrete Ansprechpersonen, für jede Stakeholder-Gruppe.
5. Am Ende ergänzen Sie Ziele, Verfügbarkeit etc.

Impulsfragen zum Finden von Stakeholdern

Stellen Sie vor dem Workshop eine für Ihr Projekt passende Fragenliste zusammen. Folgende Fragen können helfen, die Stakeholder in Ihrem Projekt zu finden:

- Wer wird das System verwenden?
- Wer kennt sich mit den betroffenen Prozessen am besten aus?
- Welche Artefakte erzeugt unser System? Wer wird diese verwenden?

- Von wem kommen die Daten, die eingegeben werden müssen?
- Aus welchen Fremdsystemen werden Daten benötigt?
- Wer befüllt die Daten im Fremdsystem?
- An welches Fremdsystem werden Daten geliefert? Wer arbeitet damit?
- Wer wird das System installieren? Wer wird es konfigurieren?
- Wer wird Benutzer anlegen und Rechte vergeben?
- Wer wird das System weiterentwickeln?
- Wer ist für den Betrieb des Systems verantwortlich?
- Wer wird den Support durchführen?
- Wer liefert Testdaten und Beispiele aus der Praxis?

Wenn mit dem neuen System ein bestehendes Altsystem abgelöst wird:

- Wer kann Informationen zum Altsystem liefern?
- Wen benötigen wir für die spätere Durchführung der Datenübernahme aus dem Altsystem?
- Wer hat mit dem abzulösenden System gearbeitet? Für die Beantwortung dieser Frage können Sie – so vorhanden – auch Nutzungsstatistiken des Altsystems heranziehen.

Achten Sie bei der Auswahl der Stakeholder darauf, dass Sie die zukünftigen Anwender selbst dabei haben. Indirekte Vertreter der Anwender, wie Marketing oder Vertrieb, sind zwar ebenfalls wichtig für ein komplettes Bild auf die Anforderungen, am besten Bescheid wissen aber in jedem Fall diejenigen, die das System dann tatsächlich einsetzen werden.

Kann für eine wichtige Stakeholder-Gruppe keine konkrete Ansprechperson für das Projekt gewonnen werden, so müssen die anderen Teilnehmer die Anforderungen für diese Gruppe möglichst gut mitdenken. Es ist Ihre Aufgabe als Moderator und Requirements Engineer, darauf zu achten, dass Anforderungen der fehlenden Stakeholder immer ausreichend mitüberlegt werden.

Bisher waren die Teilnehmer in den Anforderungsworkshops zu Vision und Stakeholder-Ermittlung vor allem das von Auftraggeber bzw. Projektleiter nominierte Projektteam. Von nun an wird dieser Kreis größer, da in den zukünftigen Workshops das RE-Kernteam arbeiten wird, in dem zusätzliche Stakeholder, z.B. Anwendervertreter, dabei sind.

5.2 Personas erschaffen

Am besten werden Anforderungen aus der Sicht einer bestimmten Benutzergruppe beschrieben [Cohn, 2004]. Um dies etwas realistischer zu gestalten, erfindet man eine fiktive Person aus dieser Gruppe. Diese Person wird genau beschrieben, bekommt einen Charakter, einen Lebenslauf und ein Gesicht. Personas machen Anforderungen realer und greifbarer [Cooper, 1999]. Und es macht Spaß, sich solche Personas auszudenken.

Personas sind auch ein gutes Mittel, um Anforderungen für Stakeholder zu ermitteln, für die kein Vertreter im Projekt verfügbar ist. Die konkrete Beschreibung einer fiktiven Persona macht es leichter, sich in die Rolle des jeweiligen Stakeholders hineinzuversetzen und seine Anforderungen zu erkennen.

Beispiel für eine Persona für unsere Bogenturnier-Anwendung

Markus R. Hood	
Repräsentant für	Schützen
Alter	34
Land	Österreich
Bogenschütze seit	3 Jahren Erfahrener Schütze in verschiedenen Klassen
Turniere	Markus nimmt immer mal wieder an Turnieren teil, macht das aber eher hobbymäßig.
Soziales Leben	Viele Freunde, vor allem im Umfeld von Bogenschießen. Genießt das Leben, treibt viel Sport, liest aber auch gerne mal ein gutes Buch.
Arbeitsleben	Berater und Trainer im IT-Umfeld
IT-Erfahrungen	iPhone User, Windows- und Office-Erfahrung. Markus hat früher mal programmiert, das ist aber schon länger her.
Ausbildung	Hat Wirtschaftsinformatik studiert
Erwartungen	Findet das ewige Zettelherumschleppen total öde, hat bereits einige Apps für Bogenschießen und wäre sofort für eine App für einfachere Teilnahme an Turnieren zu haben. Auch das Posten der Ergebnisse in Facebook und sich mit anderen messen wäre für Markus toll.

Methode	Personas
Teilnehmer	▪ RE-Kernteam ▪ Marketing und Vertrieb
Hilfsmittel	▪ Flipcharts und Stifte ▪ Stakeholder-Liste
Gruppengröße	Maximal 10 Personen
Zeitbedarf	60 Minuten
Vorbereitung	Stakeholder-Liste

So entwerfen Sie Ihre Personas

1. Identifizieren Sie die wichtigsten drei bis fünf Benutzergruppen. Benutzergruppen sind immer eine Teilmenge der Stakeholder. Sie können für diesen Schritt also auf die Stakeholder-Liste zurückgreifen. Für die Auswahl können Sie beispielsweise das Rosinenpicken (siehe Abschnitt 2.3.3) einsetzen.
2. Teilen Sie die Gruppe in Zweiergruppen ein.
3. Jede Kleingruppe sucht sich eine Benutzergruppe aus, für die sie eine Persona erstellt.
4. Die Gruppen erstellen ihre Personas. Fordern Sie sie hier explizit dazu auf, kreativ zu sein, sich in ihre Persona hineinzudenken und sie tatsächlich zum Leben zu erwecken.
5. Die Gruppen präsentieren ihre Personas. Sie können dies durchaus in »Ich«-Form tun, also »Ich bin XYZ, bin 32 Jahre alt und Entwickler, ...«.

Alternativ können Sie Benutzergruppen auch identifizieren, indem Sie eine möglichst große Zahl zukünftiger Anwender z.B. mit Interviews oder Fragebögen befragen, Gemeinsamkeiten finden und basierend darauf die Benutzergruppen bilden.

Gute Personas sind nicht »durchschnittlich«, sondern repräsentieren eine spezifische Ausprägung, die verschiedene Auswirkungen auf die Systemgestaltung hat. Der Mehrwert von Personas liegt in der Qualität der beschriebenen Eigenschaften. Personas sind keine Marktsegmente, sondern Repräsentanten einer Stakeholder-Gruppe. Nicht alle Stakeholder-Gruppen müssen durch Personas charakterisiert werden. Entwerfen Sie aber in jedem Fall Personas für die wichtigsten Anwendergruppen [Bergsmann, 2014].

6 Rahmenbedingungen

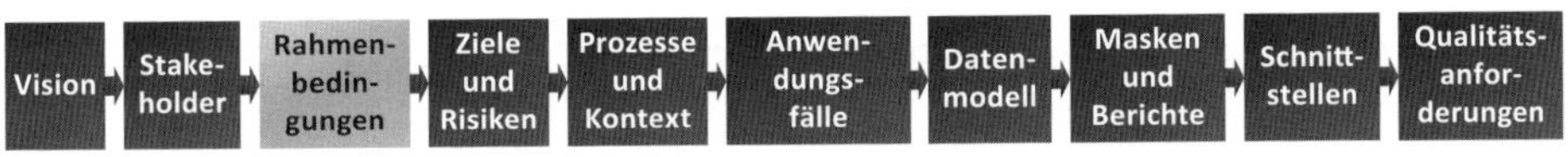

Rahmenbedingungen sind keine Funktionen oder Eigenschaften, die das Produkt bieten muss, sondern Einschränkungen, die unsere Freiheit in der Gestaltung begrenzen. Sie werden meist von außen vorgegeben. Die prominentesten Rahmenbedingungen sind Fertigstellungszeitpunkt und Budget.

Rahmenbedingungen, allen voran Budget und Zeitvorgaben, haben starken Einfluss auf den möglichen Umfang des Systems, die damit zu erreichenden Ziele und die umsetzbaren Anforderungen. Ermitteln Sie daher die Rahmenbedingungen möglichst früh im Projekt. Beispielsweise hat die genaue Ausarbeitung von Anforderungen, deren Umsetzung grob geschätzt 200 Personentage Aufwand bedeutet, keinen Sinn, wenn das Projektbudget nur 50 Personentage beträgt.

In Unternehmen sind die technischen Rahmenbedingungen, innerhalb derer wir uns im Projekt bewegen können, aufgrund der bestehenden Infrastruktur und strategischer Technologieentscheidungen in der IT gesetzt. Beispiele sind Grundsatzentscheidungen für Open Source vs. Windows, Microsoft SQL Server vs. Oracle DB, Java vs. .NET und Ähnliches.

Rahmenbedingungen gibt es für das Produkt, z.B. technische Vorgaben, und für das Projekt, z.B. Zeit- und Budgetvorgaben. Letztere liegen an der Schnittstelle zwischen Anforderungsmanagement und Projektmanagement und sollten immer eng mit dem Projektleiter abgestimmt werden.

Zu den Projektrahmenbedingungen gehören auch Vorgaben für den Start des Einsatzes. Unsere Kunden und Anwender gehen davon aus, dass sie bei Produktivstart sofort mit dem System loslegen können. Das bedeutet, dass sämtliche notwendigen Stammdaten vorhanden, Benutzer angelegt und Konfigurationsparameter bereits richtig eingestellt sein müssen. All dies müssen wir bei der Anforderungsermittlung bereits vorbereiten und mitbedenken.

6.1 Rahmenbedingungen für Projekt und Produkt festlegen

Die Rahmenbedingungen sollten Sie zeitlich recht früh im Projekt festlegen. Sehen Sie dazu in Ihrer Roadmap z.B. im Rahmen des Visions- oder Zieleworkshops eine Session zur Ermittlung der wichtigsten Rahmenbedingungen für Ihr Projekt und das zu erstellende System vor.

Beispiel für Rahmenbedingungen im MyBowTurnament-Projekt

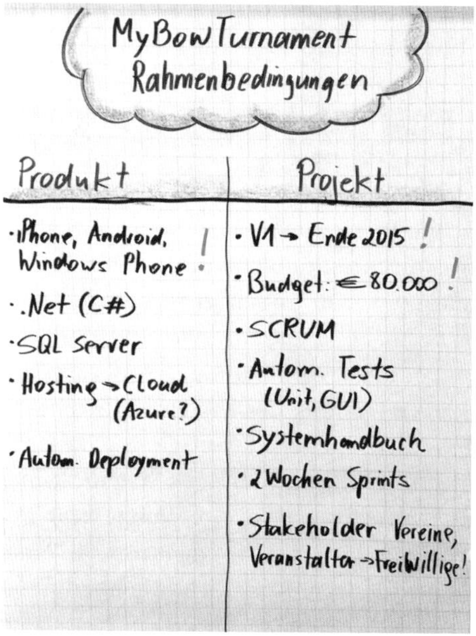

Abb. 6–1 *Erste Ideen zu Rahmenbedingungen für System und Projekt*

Methode	**Rahmenbedingungen ermitteln**
Teilnehmer	■ RE-Kernteam ■ Projektleiter und Inputgeber aus der IT, z.B. ein Chief Software Architect oder Enterprise Architect
Hilfsmittel	Flipchart und Stifte
Gruppengröße	Maximal 10 Personen
Zeitbedarf	Ca. 45 Minuten
Vorbereitung	Stakeholder überlegen als Vorbereitung für das Meeting, welche Rahmenbedingungen es gibt.

So ermitteln Sie die Rahmenbedingungen für Ihr Projekt

1. Besprechen Sie mit den Stakeholdern, welche Einschränkungen es im Projekt gibt. Hier können Sie als Input die Checkliste aus Abschnitt 6.2 heranziehen und z.B. durch ein Brainstorming ergänzen. Notieren Sie die Erkenntnisse auf einem Flipchart.
2. Diskutieren Sie dann gemeinsam die Rahmenbedingungen durch und fixieren Sie sie im Anschluss im Spezifikationsdokument oder Projekthandbuch.

6.2 Checkliste zum Abstecken der Rahmenbedingungen

Die folgende Checkliste soll Ihnen beim Ermitteln der Rahmenbedingungen helfen. Ergänzen Sie sie um Fragen, die für Ihr Projekt wichtig sind.

Rahmenbedingungen
Vorgaben für das System
Technologische Vorgaben ■ Welche Technologien müssen für die Entwicklung eingesetzt werden? ■ Welche Programmiersprachen, Datenbanken, Webserver? ■ Welche Technologie zur Authentifizierung soll verwendet werden? ■ Welche bestehenden Frameworks müssen eingesetzt werden?
Infrastrukturvorgaben ■ Welche Hardware und Betriebssysteme sind serverseitig gegeben? ■ Welche Hardware und Betriebssysteme sind clientseitig gegeben? ■ Welche Netzwerkinfrastruktur haben wir? Mit welcher Bandbreite? ■ Auf welchen Browsern muss das System laufen?
Einsatzbedingungen ■ Welche Systeme wird es geben: Entwicklungs-, Test-, QS-, Produktivsystem? ■ Wann wird das System eingesetzt? Nur während der Bürozeiten? Oder 24/7? ■ Wo und unter welchen Umweltbedingungen wird das System eingesetzt, z.B. bei Dunkelheit, im Regen, in staubigen Umgebungen? ■ Für welche Clients und Devices muss das System entwickelt werden? Web, Windows oder Mobile? ■ Wenn Mobile Devices: Für welche? iPhone? iPad? Android? Windows Phone?
Vorgaben für das Umsetzungsprojekt
Projektvorgaben ■ Welches Budget steht zur Verfügung? ■ Wann muss die erste Version in Betrieb gehen? ■ Welches Team haben wir zur Verfügung?
Entwicklungsprozesse ■ Welche Standards gibt es in Bezug auf den Entwicklungsprozess? ■ Was soll automatisiert werden? Tests? Deployment? ■ Welche Tools setzen wir ein? Für Aufgabenmanagement? Für Controlling?

→

Rahmenbedingungen
Vorgaben für das Umsetzungsprojekt
Test und Abnahme ■ Wer führt welche Tests durch? Was testen die Anwender selbst? Wann? ■ Wer liefert welche Testdaten? Bis wann? In welchem Format? ■ Wer führt die Abnahme durch? Wie wird sie ablaufen? Was wird getestet? ■ Mit welchen Datenmengen wird getestet?
Betriebsvorbereitung ■ Welche Daten müssen wir aus Vorsystemen übernehmen? Wie? ■ Wer ist für die Konfiguration des Systems verantwortlich? ■ Wie soll das System installiert werden? Von wem?
Dokumentation und Schulung ■ Muss es ein Benutzerhandbuch geben? ■ Muss es ein Wartungshandbuch geben? ■ Muss es eine Systemdokumentation geben? ■ In welcher Form müssen Dokumentationen erstellt werden? ■ Müssen Anwenderschulungen durchgeführt werden? Wie?
Wartung und Betrieb ■ Wer wird das System betreiben und Wartungsaufgaben durchführen? ■ Wie soll die Übergabe an das Wartungs- und Betriebsteam aussehen? ■ Wie soll die laufende Weiterentwicklung nach dem Start aussehen?
Rahmenbedingungen für das Projektumfeld ■ Welche Geschäftsprozesse müssen im Zuge des Projektes verändert werden? ■ Welche Organisationsstrukturen müssen verändert werden?

Weitere Checklisten finden Sie bei [Tripathy, 2012] und [Kovacs, 2014].

Da viele der Themen sehr ins Detail gehen, ist es sinnvoll, zu Beginn des Projektes die groben Rahmenbedingungen zu ermitteln und die Details zu Einsatzbedingungen, Inbetriebnahme, Dokumentation etc. immer wieder als Sessions in andere Workshops einzustreuen. Vor allem Budget, aber auch Zeit und die wichtigsten Technologievorgaben sollten Sie in jedem Fall sehr früh klären, da diese großen Einfluss auf den möglichen Funktionsumfang und die realistisch erreichbaren Ziele haben.

7 Ziele

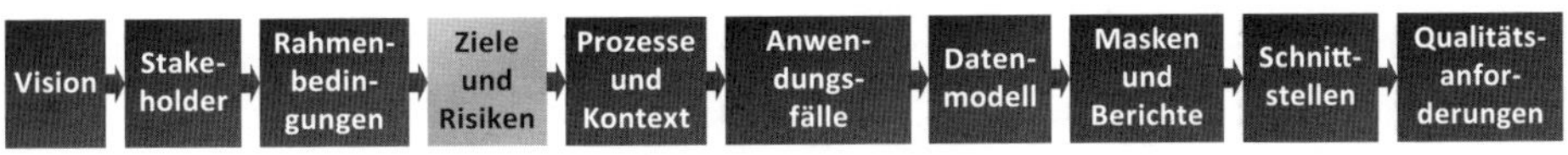

Ziele präzisieren die Vision und stecken den inhaltlichen Rahmen für das Projekt ab. Sie beschreiben genauer, was man mit dem System erreichen möchte. Eng mit dem Begriff der Ziele verbunden ist der Nutzenbegriff. Der Nutzen beschreibt, was die Stakeholder davon haben, wenn es das System gibt. Die Abgrenzung zwischen Nutzen und Zielen ist nicht immer scharf. Ziele sind etwas konkreter auf das System hin bezogen, indem sie beispielsweise die wichtigsten Funktionen und Schnittstellen auf höchster Ebene beinhalten.

Die Erfahrung aus meinen Projekten zeigt, dass man bis zu zwölf Ziele sinnvoll verfolgen kann. Findet man mehr, ist man oft schon zu detailliert im System und auf der Ebene der Anforderungen unterwegs. Bei zu vielen Zielen besteht die Gefahr, dass man den Fokus verliert. Ein Kunde von mir hatte für ein internes Frameworkprojekt zwei DIN-A4-Seiten mit gut 40 Zielen festgeschrieben. Vollständig und für die Anwender zufriedenstellend erreicht wurden im ersten Release elf davon. Es ist besser, sich zuerst auf eine kleinere Zahl zu beschränken und diese Ziele dafür gut zu erreichen und danach im Sinne eines iterativen Vorgehens die nächsten Ziele zu stecken und fokussiert umzusetzen.

Denken Sie bei den Zielen nicht nur an die Anforderungen von heute. Unsere Systeme leben normalerweise sehr lange, Nachhaltigkeit ist gerade in der Softwareentwicklung von großer Bedeutung. Wägen Sie daher bei der Zieldefinition immer ab zwischen benötigter Flexibilität für die Zukunft und der damit einhergehenden höheren Komplexität des Systems.

Halten Sie bereits in dieser frühen Phase ebenfalls fest, was nicht mehr Teil des Projektes sein wird, also die Nicht-Ziele. Sind diese sauber erhoben und definiert, lässt sich im späteren Projektverlauf so manche Streiterei vermeiden.

7.1 SMARTe Ziele festlegen

Ziele beschreiben, wann das neue System erfolgreich ist. Sie sind die obersten Abnahmekriterien für das System. In Zielen sollten Sie Folgendes festschreiben:

- Welche Vorteile (Nutzen) muss das System den Stakeholdern bieten?
- Was muss es können? Welche Kernanwendungsfälle muss es abdecken?
- Welchen Gesetzen, Normen und Vorgaben muss es genügen?
- Was muss das System sonst noch erfüllen, damit wir erfolgreich sind?

Ziele sollten messbar, zumindest aber klar und eindeutig formuliert sein. Um festzustellen, ob ein Ziel ausreichend genau definiert ist, können Sie prüfen, ob es die SMART-Kriterien erfüllt [Wikipedia, 2014]:

Kriterium	Beschreibung
Spezifisch	Ziele müssen eindeutig definiert sein, also nicht vage, sondern so präzise wie möglich. Folgende Tipps und Fragen können helfen: ■ Bei jedem Ziel Bezug zu einem Nutzenaspekt herstellen. Was ist der Nutzen dieses Ziels? ■ Universalquantoren vermeiden (»alle«, »nie«, …), z. B.: Wer ist »alle«? Wirklich »alle«? ■ Komparative und Superlative vermeiden oder klar spezifizieren, z. B.: »Besser/schneller/größer« als was? Um wie viel? ■ Keine zu allgemeinen Begriffe verwenden, z. B.: Was bedeutet »Benutzerfreundlichkeit«? ■ Schwammige Begriffe vermeiden, z. B.: »optimal«, »sehr«, »grundsätzlich«, »vor allem«, »insbesondere«, »gut«, … ■ Keine Funktionen des Systems beschreiben, sondern den Nutzen dahinter. Warum wird das benötigt? Was ist der Nutzen?
Messbar	Ziele müssen messbar sein, geben Sie Messbarkeitskriterien an. Tipps: ■ Zielwerte als Zahlen angeben ■ Bei Adjektiven immer »wie« fragen (z. B. »Wie schnell?«, »Wie groß?«, »Wie gut?«)
Akzeptiert	Ziele müssen von den Stakeholdern akzeptiert sein.
Realistisch	Ziele müssen erreichbar sein.
Terminiert	Zu jedem Ziel gehört eine Terminvorgabe, bis wann es erreicht sein muss.

Wenn Sie Schwierigkeiten beim Finden und Formulieren von Zielen haben, beginnen Sie jedes Ziel mit dem Satz »Das System ist ein Erfolg, wenn …«. Beispielsweise: »Das System ist ein Erfolg, wenn …

- … wir im ersten Jahr schon 100 Schützen als Benutzer haben.
- … wir die Fehlerrate bei der Punkteerfassung auf unter 1 % senken können.
- … wir Stammdaten automatisiert übernehmen, statt sie manuell einzugeben.«

Wenn man unsicher ist, ob ein Ziel schon »groß« genug ist und ob es überhaupt ein Ziel oder nicht eher eine Anforderung ist, hilft es, nach dem »Warum?« zu fragen. Wenn Sie auf diese Frage eine sinnvolle Antwort bekommen, dann ist das ursprüngliche Ziel bereits zu systemnah beschrieben und die Antwort, also das »Warum«, ist das eigentliche Ziel.

Ein Beispiel: Ein Stakeholder formuliert als Ziel: »*Mit dem neuen System müssen Turniereinladungen per Mail ausgeschickt werden können und nicht wie bisher als Ausdruck.*« Ist das ein Ziel? Auf die Frage nach dem »*Warum?*« antwortet der Stakeholder: »*Ja, das Ausdrucken muss jetzt per Hand gemacht werden, das ist schlecht und dauert sehr lange. Wenn wir das gleich aus dem System elektronisch verschicken könnten, würden wir viel Zeit sparen.*« Jetzt haben wir die Ebene des Nutzens erreicht. Wir wollen also mit dem neuen System manuelle Tätigkeiten automatisieren und dadurch Zeit sparen. Mit Ihrer Unterstützung formuliert der Stakeholder nun das neue Ziel: »*Mit dem System wollen wir manuelle Tätigkeiten automatisieren und somit Zeit sparen.*« Den automatischen Mailversand von Turniereinladungen notieren Sie einstweilen als Anwendungsfall, der in späteren Workshops behandelt wird (siehe Kap. 11).

Fragen Sie so lange nach dem »Warum?«, bis Sie auf der Ebene des Nutzens angelangt sind. Die Nutzenaspekte liegen stets außerhalb des Systems. Beispiele für solche Nutzenaspekte können sein:

- **Wettbewerbsvorteile** und Alleinstellungsmerkmale erringen
- Den **Umsatz** steigern
- Das **Image** als Innovationsführer verbessern
- Durch die Automatisierung von Abläufen **Zeit sparen**
- Durch die bessere Unterstützung der Geschäftsprozesse **Kosten sparen**
- Im Betrieb **stabiler und sicherer** werden
- Den Kunden gegenüber **schneller agieren** können
- Manuelle **Tätigkeiten erleichtern**
- Die **Qualität** der Prozesse erhöhen und Fehler reduzieren
- Die **Kundenbindung** verbessern
- Im Bereich XY das **Risiko reduzieren**
- **Flexibel** für zukünftige Herausforderungen gerüstet sein

Beispiel für gesammelte Ziele für unsere Bogenturnier-Anwendung

Abb. 7–1 *Per Kartenabfrage gesammelte Ziele*

Beispiel für daraus entstandene SMARTe Ziele

- Wirtschaftliche Ziele
  - Im ersten Jahr haben wir mindestens 200 registrierte Schützen.
  - Im ersten Jahr werden mindestens 5 Turniere abgewickelt.
  - Im ersten Jahr schaffen wir mindestens 1.000 € Umsatz.
- Qualitätsziele
  - Hohe Qualität. Die Anzahl der Fehler pro Turnier liegt unter 2.
  - Einfache Bedienung. Die Registrierung ist in unter 5 Minuten möglich.
  - Testen und Deployment sollen automatisiert werden, sodass die Qualität mit wenig Aufwand sichergestellt werden kann.
- Ziele für das System selbst
  - Das System muss Apps für iPhone, Android und Windows Phone bieten, damit wir einen möglichst breiten Anwenderkreis ansprechen.
  - Auswertungen müssen für Veranstalter in Microsoft Excel möglich sein, damit sie die Daten so analysieren können, wie sie es brauchen.

Methode	SMARTe Ziele
Teilnehmer	■ RE-Kernteam ■ Wenn möglich Auftraggeber
Hilfsmittel	■ Pinnwand, Pinnwandnadeln ■ Moderationskarten, Stifte ■ Flipchart für Erklärung der Ziele und SMART-Kriterien
Gruppengröße	Maximal 10 Personen
Zeitbedarf	■ 40 Minuten Ziele finden ■ 60 Minuten Ziele SMART machen
Vorbereitung	■ Die Teilnehmer überlegen sich, was ihnen wichtig ist. ■ Reden Sie mit einigen zukünftigen Anwendern, um ein Gefühl für deren Ziele und Nutzen zu bekommen.

So finden Sie SMARTe Ziele

1. Erklären Sie, was ein Ziel ist, was Nutzen bedeutet und die SMART-Kriterien. Diese schreiben Sie am besten Punkt für Punkt auf ein Flipchart.
2. Jeder Teilnehmer schreibt die für ihn relevanten Ziele auf Moderationskarten, ein Ziel pro Karte[1]. Als Input für das Finden der Ziele dienen die Vision und die oben genannten Nutzenaspekte. An dieser Stelle können Sie auch die Nicht-Ziele mitermitteln (siehe Abschnitt 7.2).
3. Jeder Teilnehmer pinnt seine Ziele an die Pinnwand und erklärt kurz, was er damit meint.
4. Die Teilnehmer wählen die wichtigsten Ziele aus. Dafür können Sie z.B. die bereits vorgestellte Methode Rosinenpicken verwenden. Es sollten maximal zwölf Ziele ausgewählt werden.
5. Gemeinsam überprüfen Sie die ausgewählten Ziele auf die SMART-Kriterien hin und formulieren sie gegebenenfalls um.

Wie bei der Vision werden die Stakeholder auch während der Zielfindung Funktionen nennen, die ihnen wichtig sind. Sie können diese Funktionen trotzdem in die Zieleliste einfließen lassen oder für später, z.B. bei der Behandlung der Anwendungsfälle, notieren. Ich habe für solche Punkte immer ein zweites Flipchart, auf das ich sie für alle sichtbar notiere. Wenn eine Funktion zu einem Ziel wird, achten Sie unbedingt darauf, dass in der Zielformulierung der Nutzen genannt wird, den diese Funktion bietet.

1. Ein Kunde von mir nennt diese Karten »Benefit cards«. Ich finde diesen Begriff sehr gut, vielleicht passt er auch in Ihren Workshop.

7.2 Und das ist nicht mehr drin: Nicht-Ziele festhalten

In den Nicht-Zielen halten wir fest, was nicht mehr Teil des Projektes ist. Diese Dinge sind »Out of Scope«, also nicht mehr im Projektumfang enthalten [Hass et al., 2008].

Die Nicht-Ziele ermitteln Sie am besten gemeinsam mit den Zielen, aber auf einem eigenen Flipchart. Ein eigener Workshop ist hierfür nicht notwendig. Methodisch können Sie bei der Kartenabfrage der Ziele den Teilnehmern Moderationskarten in zwei unterschiedlichen Farben austeilen: grüne für die Ziele, rote für die Nicht-Ziele. Bei den Nicht-Zielen ist es nicht unbedingt erforderlich, dass diese anschließend SMART gemacht werden, hier reicht oft eine stichwortartige Notation der ausgeschlossenen Themen.

Folgende Fragestellungen können beim Abgrenzen der Nicht-Ziele helfen:

- Welche Abteilungen und Gruppen werden nicht mit dem System arbeiten?
- Welche Prozesse unterstützen wir explizit nicht?
- Welche Funktionen wird es nicht geben?
- Wofür verwenden wir andere bestehende oder neu zu schaffende Systeme?

Beispiel für in der Bogenturnier-Anwendung nicht abgedeckte Themen

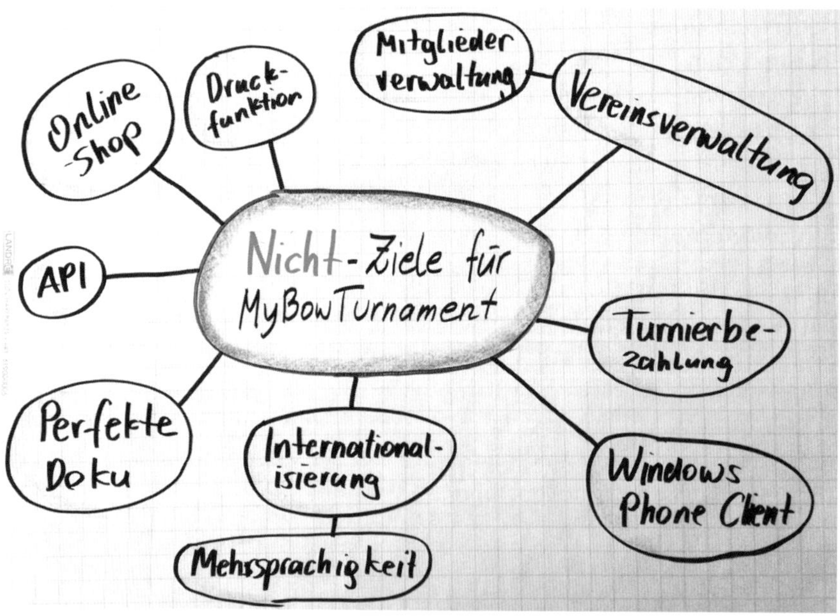

Abb. 7–2 *Das Festhalten der Nicht-Ziele spart oft viel Aufwand im Projekt.*

8 Risiken

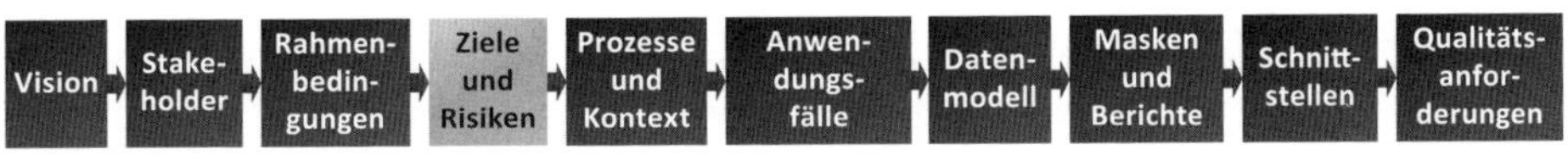

Gleichsam die dunkle Seite der Ziele sind die Risiken. Ein Risiko ist »die Wahrscheinlichkeit des Eintretens eines unerwünschten Ereignisses [...] und der mit dem Ereignis verbundene Schaden« [Heinrich & Roithmayr, 2009]. Viele Entscheidungen im Projekt sollten Sie risikobasiert treffen, z.B. welche Anforderungen zuerst umgesetzt werden, wofür Sie Prototypen bauen oder welche Tests zuerst ausgeführt werden. Wichtig ist dabei in erster Linie der potenzielle Schaden, nicht die Eintrittswahrscheinlichkeit. Setzen Sie sich schon sehr früh mit Risiken auseinander (siehe Abb. 8–1). Nur so können Sie Gefahren rechtzeitig erkennen und Maßnahmen zur Abwehr ergreifen.

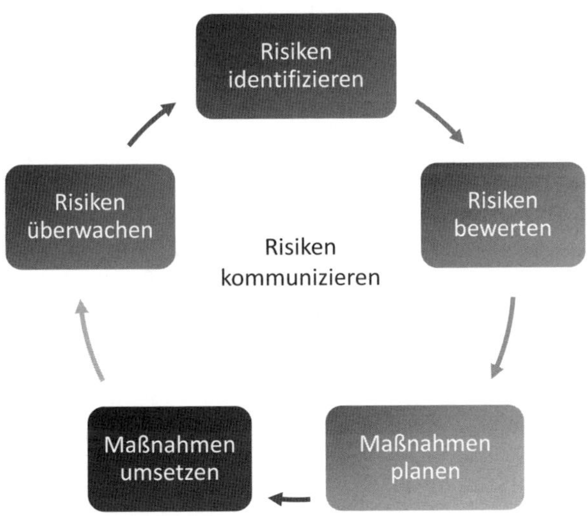

Abb. 8–1 *Aufgaben im Risikomanagement nach [Higuera & Haimes, 1996]*

Mehr Infos zum Thema Risikomanagement in Softwareprojekten finden Sie in [Bergsmann, 2014] und [Unterauer, 2012].

8.1 Risikocheckliste einsetzen und Risiko-Backlog aufbauen

Risiken sind mögliche Gefahren im System und für das Entwicklungsprojekt. Sie müssen identifiziert, bewertet und wenn nötig mit geeigneten Maßnahmen vermieden oder reduziert werden. Dies machen Sie am besten in einem eigenen Risikoworkshop. Das Ergebnis dieses Workshops ist eine bewertete Risikoliste, »Risiko-Backlog« genannt [Bergsmann, 2014], sowie Maßnahmen zur Vermeidung der gefährlichsten Risiken. Diese Maßnahmen werden als Arbeitspakete ins Projektmanagement integriert. Führen Sie solche Risikoworkshops regelmäßig, z.B. einmal im Quartal, durch, um neue Risiken zu finden und obsolet gewordene auszuscheiden.

Beispiel für aufgedeckte Risiken unserer Bogenturnier-Anwendung

Abb. 8–2 *Risiken mit einem Ideenkarussell finden*

Methode	Risiko-Backlog aufbauen
Teilnehmer	■ RE-Kernteam ■ Evtl. Querdenker (Inputgeber ohne Fach-Know-how)
Hilfsmittel	■ Flipchart und Stifte ■ Risikocheckliste
Gruppengröße	Maximal 10 Personen
Zeitbedarf	■ 15 Minuten Ideenkarussell zum Finden von Risiken ■ 30 Minuten Risiken clustern, auflisten und ergänzen ■ 30 Minuten Risiken bewerten
Vorbereitung	■ Risikocheckliste ■ Die Teilnehmer überlegen vorab, was nicht passieren darf.

So erarbeiten Sie ein Risiko-Backlog und Risikobewertungen

1. Erklären Sie, was Risiken sind.
2. Führen Sie ein Ideenkarussell zum Thema Risiken durch (siehe Abschnitt 2.3.2).
3. Übertragen Sie die gesammelten Ideen in eine Liste. Die Liste hat Spalten für »Risiko«, »Eintrittswahrscheinlichkeit« und »Schaden«. Fassen Sie dabei zusammengehörige Risiken zusammen.
4. Ergänzen Sie die von den Teilnehmern gefundenen Risiken um die Risiken aus der unten angeführten allgemeinen Risikocheckliste.
5. Gehen Sie alle Risiken durch und bitten Sie die Teilnehmer, Eintrittswahrscheinlichkeit und Schaden zu bewerten. Die Bewertung erfolgt dabei z.B. in den weiter unten beschriebenen Klassen.
6. Für Risiken mit Schadensklasse drei oder höher füllen Sie eine Risikokarte aus, egal wie hoch oder wie niedrig die Eintrittswahrscheinlichkeit ist.

Risikocheckliste mit häufig auftretenden Risiken

Die folgende Risikocheckliste ist eine Kombination verschiedener Quellen aus der Literatur und der Erfahrung aus meinen Softwareprojekten. Nähere Infos dazu finden Sie in [Unterauer, 2012]. Die Checkliste kann als Orientierung und Ergänzung der im Workshop identifizierten Risiken dienen. Zeigen Sie sie aber erst, nachdem die Teilnehmer selbst Risiken überlegt haben, da ansonsten die Kreativität beim freien Suchen eingeschränkt wird.

Risiko
Vorgehensmodell und Methoden
Das Projekt wird nach einem unbekannten Vorgehensmodell abgewickelt.
Der Zeitrahmen für das Projekt ist sehr knapp.
Projektleiter und Team
Der Projektleiter hat wenig oder keine Erfahrung im Führen von Projekten.
Projektleiter und Team haben nur selten oder noch nie zusammengearbeitet.
Projektleiter und Team fehlen die Erfahrung in der Softwareentwicklung.
Es sind externe Mitarbeiter beteiligt, die wesentliche Aufgaben übernehmen.
Das Team bleibt während der Umsetzungszeit nicht stabil.
Kunde und Ansprechpartner
Das Projekt hat keine Unterstützung des Topmanagements beim Kunden.
Die Stakeholder kennen die Anforderungen nicht genau.
Die Stakeholder sind für das Projekt nicht passend.
Endanwender sind nicht in das Projekt eingebunden.
Die Stakeholder haben noch nie an Softwareprojekten mitgearbeitet.
Das neue System ist geschäftskritisch.
Die Stakeholder versuchen die Umsetzung zu erschweren.
Erfahrung
Projektleiter und Team fehlen technisches oder fachliches Know-how.
Der Projektleiter verwendet keine Werkzeuge für die Führung des Projektes.
Bei der Umsetzung muss alles von Hand ausprogrammiert werden.
Für die Umsetzung werden keine Standards verwendet.
Komplexität
Es müssen viele andere Systeme eingebunden werden.
Das System beinhaltet viele Komponenten, Objekte, Masken und Interaktionen.
Anforderungen
Ziele und Anforderungen sind unklar, es ist mit vielen Änderungen zu rechnen.
Rechtliche Rahmenbedingungen ändern sich.

Eintrittswahrscheinlichkeit und Schaden beurteilen

Die Ermittlung des Schadens in Euro ist meist nicht möglich. Hier bietet es sich an, den Schaden nicht als monetären Wert zu ermitteln, sondern lediglich eine Schadensklasse festzulegen [Unterauer, 2012]:

Schadensklasse	Beschreibung
0–Kein Schaden	▪ Keine merkbaren Auswirkungen
1–Minimal	▪ Kaum Auswirkungen auf den Projektertrag ▪ Geringe Verschiebungen von Budget und Zeit
2–Gering	▪ Projektertrag wird geschmälert ▪ Kunde ist kurzfristig irritiert und verunsichert ▪ Überschreitungen von Budget und Zeit wahrscheinlich
3–Merklich	▪ Projekt wirft keinen oder nur geringen Ertrag ab ▪ Merkbare Überschreitung von Budget und Zeit ▪ Kunde ist unzufrieden mit Projektablauf oder Produkt
4–Hoch	▪ Unternehmen macht Verlust mit dem Projekt ▪ Noch keine direkten Schäden über das Projekt hinaus
5–Sehr hoch	▪ Unternehmen macht hohe Verluste mit dem Projekt ▪ Kunde bricht Geschäftsbeziehungen ab ▪ Kunde klagt vor Gericht

Ebenso kann die Eintrittswahrscheinlichkeit in Klassen eingeteilt und somit einfacher ermittelt werden [Unterauer, 2012]:

Wahrscheinlichkeitsklasse	Geschätzte Wahrscheinlichkeit
0–Praktisch unmöglich	< 10%
1–Sehr unwahrscheinlich	10–29%
2–Eher unwahrscheinlich	30–49%
3–Eher wahrscheinlich	50–69%
4–Sehr wahrscheinlich	70–90%
5–Praktisch sicher	> 90%

Ausgehend von Murphys Gesetz (»Alles, was schiefgehen kann, wird auch schiefgehen« [Deutsche Wikipedia, 2014]) empfehle ich Ihnen, Risiken, die großen Schaden anrichten können, immer zu behandeln, egal wie unwahrscheinlich sie auch zu sein scheinen!

Risikokarten für gefährliche Risiken

Eine Risikokarte beinhaltet neben dem Risiko, der Eintrittswahrscheinlichkeit und dem möglichen Schaden vor allem Angaben zu den zu ergreifenden Maßnahmen. Dies sind zum einen Maßnahmen, die verhindern, dass der Schaden eintritt, zum anderen Maßnahmen, die ergriffen werden, wenn das Risiko doch eintritt. In solchen Situationen ist oft nicht die Zeit, lange zu überlegen. Dann ist es von immensem Vorteil, wenn man vordefinierte Schritte zur Schadenbegrenzung aus der Schublade holen kann.

Beispiel für eine Risikokarte mit Maßnahmen (Vorder- und Rückseite)

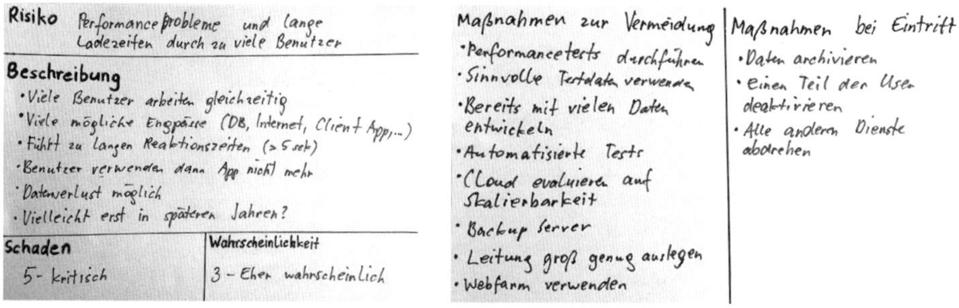

Abb. 8–3 *Risikokarte zur detaillierten Risikoanalyse*

Methode	**Risikokarten**
Teilnehmer	RE-Kernteam
Hilfsmittel	Große Moderationskarten (A5) und Stifte
Gruppengröße	Maximal 10 Personen
Zeitbedarf	90 Minuten
Vorbereitung	Risiko-Backlog

Eine ausführlichere Behandlung des Risikomanagements in Softwareprojekten finden Sie in [Bergsmann, 2014]. Eine genauere Aufarbeitung und weitere Risikochecklisten enthält [Unterauer, 2012].

8.2 Mit einem Funktionsdurchstich Risiken aufdecken

Eine weniger formale Methode, um das Risiko schon in der Spezifikationsphase abzuschätzen, besteht darin, bereits früh einzelne kritische Funktionen bis ins letzte Detail durchzudiskutieren. So können Sie an konkreten Beispielen erkennen, ob sich in den Tiefen der Details der Anforderung Gefahren verbergen, die beim groben Durchgehen nicht sichtbar sind. Es hilft Ihnen auch, die Detailkomplexität des Systems genauer abschätzen und die Anforderungsworkshops besser planen zu können.

Setzen Sie diese Methode als Ergänzung zum Risiko-Backlog immer dann ein, wenn Sie das Gefühl haben, dass sich in einem Bereich ein kritisches Detail verbergen könnte.

Methode	Funktionsdurchstich
Teilnehmer	■ RE-Kernteam ■ Architekten und Entwickler zur Abschätzung der Umsetzungskomplexität
Hilfsmittel	Keine
Gruppengröße	Maximal 5 Personen
Zeitbedarf	30 Minuten je Detaildurchstich
Vorbereitung	Keine

So stechen Sie eine Funktion bis in die tiefste Ebene durch

1. Wählen Sie während der Besprechung der Vision, Ziele und Features oder der fachlichen Prozesse eine oder zwei wichtige Funktionen aus, die Sie genauer beleuchten wollen.
2. Fragen Sie für diese Funktionen immer wieder nach dem »Wie genau?«. Die Frage »Wie« bringt Sie im Detaillevel eine Ebene nach unten.
3. Fragen Sie für die ausgewählte Funktion genau nach, wie das in der Praxis abläuft und wie sich die Stakeholder die Umsetzung vorstellen.
4. Vergleichen Sie die gewonnenen Detailinformationen mit Ihrem ursprünglichen Eindruck der Komplexität der Funktion. Wenn sich die Komplexität stark erhöht hat, ist dies ein Warnsignal, dass vielleicht das gesamte System wesentlich komplexer und bereits in der Spezifikation aufwendiger ist als gedacht.

Folgende Details sollten Sie hinterfragen:

- Wie ist der fachliche Ablauf?
- Wie soll das dann in der Software ablaufen?
- Wie oft wird diese Funktion ausgeführt?
- Welche Daten werden verwendet? Wie sehen diese ganz genau aus?
- Wo kommen die Daten her?
- Müssen sie aus anderen Systemen importiert werden?
- Welche Masken brauchen wir? Wie sollen diese aussehen? Muss es Animationen und grafische Visualisierungen geben?
- Welche Aktionen und Interaktionen sollen möglich sein?
- Welche Datenprüfungen müssen bei der Eingabe passieren?
- Welche Dokumente und Berichte werden erzeugt?
- Muss man das drucken können? Durchsuchen? Sortieren?
- Wer wird die Funktion einsetzen?
- Wie sehen verwendete Berechnungsformeln und Regeln aus?
- Welche Ausnahmen gibt es?
- Welche Fehler können auftreten? Was darf nicht passieren?

- Welche Performance ist notwendig? Welche Stabilität?
- Wie kann man das Testen?
- Wer testet das? Wie kommen wir zu Testdaten?

Machen Sie in jedem Projekt zumindest einen oder zwei, für kritische Bereiche auch mehr solcher Durchstiche, um das Risiko durch verborgene Detailkomplexität abschätzen zu können.

9 Fachliche Prozesse

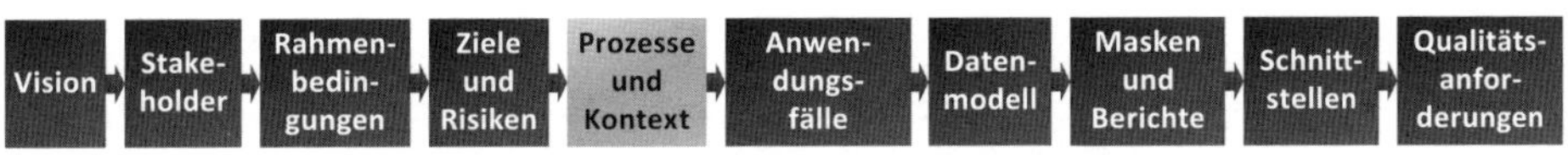

Um die Ziele der Anwender optimal mit dem System unterstützen zu können, müssen wir wissen, wie die Prozesse und Abläufe rund um unser System aussehen. Nur so können wir die Funktionen, Masken und Schnittstellen optimal gestalten, um den Benutzern die Arbeit zu erleichtern.

Je besser wir die fachliche Umwelt und die fachlichen Abläufe kennen, desto bessere Fragen können wir bei der Anforderungsermittlung stellen. Eine genaue Kenntnis der Prozesse und Abläufe ermöglicht es uns und den Entwicklern, bessere Lösungen zu entwerfen, die genauer auf die Bedürfnisse der Anwender abgestimmt sind. Gemeinsam können wir festlegen, welche Prozessschritte wir auf welche Art und Weise mit Software unterstützen können.

Eine gute Kenntnis der Prozesse hilft auch beim Testen. Wenn wir wissen, wie die Anwender das System einsetzen werden, können wir diese Abläufe schon vorher realistisch durchspielen. Das vermeidet frustrierende Erlebnisse für die Anwender, wenn das System schon bei deren ersten Klicks, die sie intuitiv anders machen als Entwickler und Tester, einen Fehler produziert[1]. Ein guter Überblick über Prozesse und Abläufe verbessert also die Qualität der Lösung deutlich.

9.1 Eine einfache Prozesslandkarte erstellen

Eine Prozesslandkarte ist eine Übersicht über die Geschäftsprozesse in einem Unternehmen [Deutsche Wikipedia, 2014]. Für unsere Projekte sind selten alle Prozesse relevant. Trotzdem ist es sinnvoll, sich zuerst einen Überblick über die zu unterstützenden fachlichen Prozesse zu verschaffen, bevor wir diese näher beleuchten. Denken Sie in diesem Schritt noch nicht über Softwarefunktionen nach. Hier geht es rein um die fachliche Umwelt, die wir unterstützen wollen.

1. Man spricht hier von »Bananensoftware: Reift beim Kunden!«.

In der Prozesslandkarte werden Prozesse in zwei Gruppen eingeteilt:

1. **Kernprozesse:**
   Dies sind die wesentlichen Prozesse zur Verwirklichung der Vision und Ziele.
2. **Unterstützungsprozesse:**
   Diese Prozesse helfen bei der Abarbeitung der Kernprozesse, indem sie sie vorbereiten, wesentliche Daten aufbereiten oder ähnliche Vorarbeiten leisten.

Beispiel für eine Prozesslandkarte für unsere Bogenturnier-Anwendung

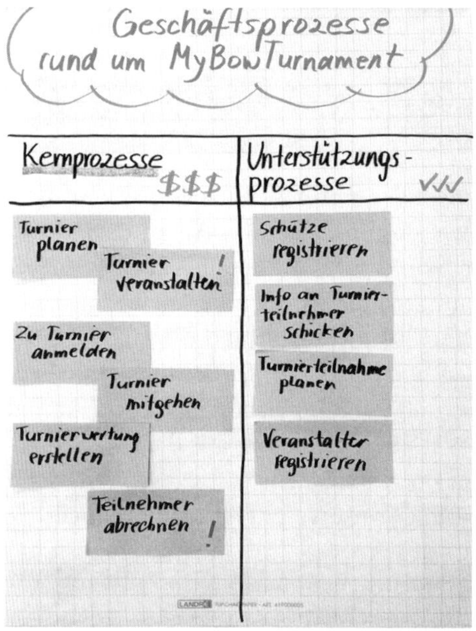

Abb. 9–1 *Relevante Geschäftsprozesse in einer Prozesslandkarte sammeln*

Methode	Prozesslandkarte
Teilnehmer	■ RE-Kernteam ■ Inputgeber, die die Prozesse gut kennen. Das sind oft weitere Anwender, aber auch Mitarbeiter aus dem QM-Team
Hilfsmittel	■ Flipcharts und Stifte ■ Dokumente mit Hinweisen auf Prozesse
Gruppengröße	Maximal 5 Personen
Zeitbedarf	60 Minuten
Vorbereitung	■ Teilnehmer überlegen sich, welche Prozesse wichtig sind. ■ Teilnehmer bereiten Prozessdokus und andere Quellen vor.

So erstellen Sie eine Prozesslandkarte

1. Identifizieren Sie gemeinsam mit den Stakeholdern die für das System relevanten Kernprozesse. Notieren Sie diese auf einem Flipchart unter »Kernprozesse«. Wenn Sie die Prozesse erst auf Moderationskarten schreiben, können Sie sie ggf. noch zwischen den Gruppen verschieben.
2. Identifizieren Sie die Unterstützungsprozesse, die rund um die Kernprozesse vorhanden sind. Diskutieren Sie, welche dieser Prozesse im neuen System unterstützt werden können. Falls ein Prozess nicht direkt unterstützt werden kann, können wir vielleicht zumindest Daten an die im Prozess verwendeten Fremdsysteme liefern. Notieren Sie diese Prozesse unter »Unterstützungsprozesse«.

Mögliche Quellen von Prozessen und Prozessbeschreibungen sind:

- Wissen der Stakeholder
- Prozesslandkarte des Unternehmens
- Vorschriften und Richtliniendokumente im Unternehmen
- Mission, Vision und Strategie des Unternehmens
- Handbücher bestehender Systeme
- Allgemeine Prozessmodelle (ISO, CMMI, SPICE, ITIL, ...)

Impulsfragen zum Finden der Kernprozesse:

- Welche fachlichen Abläufe wollen wir unterstützen?
- Welche Prozesse sind von der Vision und den Zielen des Systems betroffen?
- Welche Prozesse existieren im Geschäftsbereich um unser System?
- Welche Prozesse laufen nicht optimal? Wo gibt es Probleme?

und zum Finden der Unterstützungsprozesse. Was müssen wir alles tun, um

- notwendige Roh-, Hilfs- und Betriebsstoffe zu beschaffen?
- notwendige Maschinen und Betriebsmittel zu bekommen?
- richtige Mitarbeiter zu finden, weiterzubilden und zu halten?
- Produktion bzw. Leistungserbringung zu planen?
- Produktion bzw. Leistungserbringung zu überwachen?
- Produkte und Leistungen zu verkaufen?
- Wissen zu erarbeiten, zu verbreiten und zu dokumentieren?
- Produkte und Leistungen zu entwickeln und zu verbessern?
- unsere internen Prozesse und Abläufe zu optimieren?

Vergessen Sie nicht, wir sind noch auf der Ebene der Fachprozesse und erkunden die tägliche Arbeit unserer zukünftigen Anwender. Um Softwarefunktionen und Anforderungen kümmern wir uns später. Jetzt steht das Verstehen unserer Anwender und ihrer Welt im Mittelpunkt.

9.2 Fachprozesse mit Moderationskarten modellieren

Eine intuitive und einfache Art, herauszufinden, wie ein Prozess in der Praxis läuft oder laufen soll, besteht darin, ihn mit Moderationskarten nachzubilden. Dies hat den Vorteil gegenüber dem sofortigen Zeichnen in einem Modellierungsprogramm, dass alle Teilnehmer am Entwerfen des Prozesses beteiligt sind. Meistens gelingt es auch schneller als mit einem Modellierungsprogramm. Bei der Modellierung eines Fachprozesses geht es um den Überblick und nicht um alle Details.

Modelliere ich den Soll- oder den Istprozess? Oder beides?

Eine Frage, die immer wieder auftaucht, ist: »Soll ich den Sollprozess spezifizieren oder den Istprozess? Oder brauche ich beides?« Meiner Erfahrung nach sollten Sie den Sollprozess auf jeden Fall darstellen, den Istprozess immer dann, wenn er für das Verständnis der Ziele und Probleme hilfreich ist. Dies ist zum Beispiel dann der Fall, wenn die Entwickler die Istprozesse nicht gut kennen.

Viele Projekte werden gestartet, weil es Probleme im aktuellen Prozess gibt. In diesen Fällen ist es ebenfalls sinnvoll, den Istprozess genau darzustellen, da das hilft, das Problem besser zu verstehen und die optimale Lösung zu finden. Wenn die Software ein bestimmtes Problem am Istprozess lösen soll, werden Sie ohnehin bereits früh mit diesem konfrontiert, z.B. bei der Definition der Vision und Ziele. In solchen Fällen können Sie die hier beschriebene Methode bereits früher einsetzen.

Beispiel für einen Geschäftsprozess in einem Bogenturnier

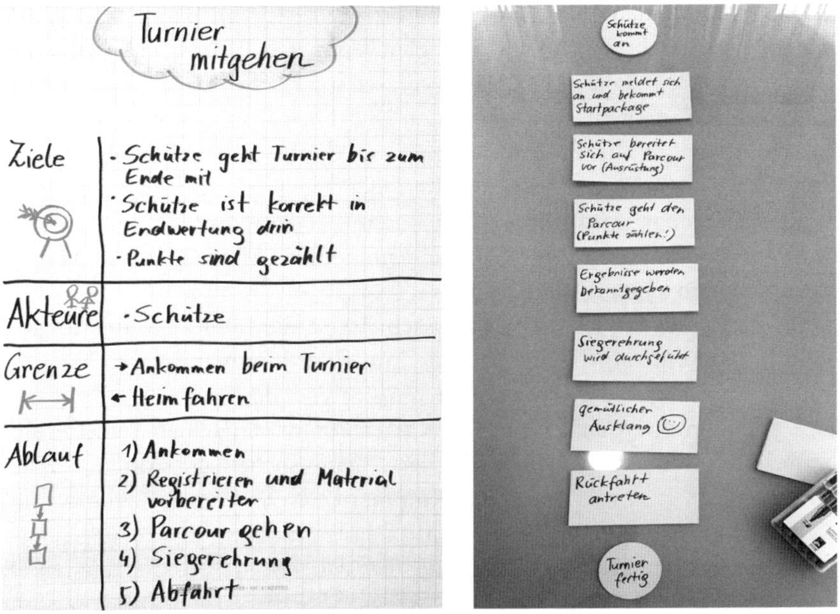

Abb. 9–2 *Prozesse mit Moderationskarten erkunden und weiter beschreiben*

Das Beschreiben eines Prozesses ist eine sehr schwierige Angelegenheit. In meinen Projekten erarbeite ich daher immer zuerst einen Prozess gemeinsam mit der ganzen Gruppe, um den Teilnehmern die Methodik näherzubringen. Danach teile ich die Gruppe in Kleingruppen auf, jede arbeitet dann einen Teil der Prozesse aus.

Methode	Geschäftsprozess mit Moderationskarten modellieren
Teilnehmer	■ RE-Kernteam ■ Stakeholder mit Know-how zu den Prozessen. Dies können Mitglieder aus dem RE-Kernteam oder Inputgeber sein.
Hilfsmittel	■ Moderationskarten in verschiedenen Farben und Formen ■ Pinnwand und Nadeln zum Aufpinnen oder Tische zum Auflegen der Prozesse ■ Papier und Stifte für Notizen
Gruppengröße	2–3 Stakeholder je Prozess
Zeitbedarf	Ca. 90 Minuten pro Prozess
Vorbereitung	■ Prozesslandkarte erstellen und wichtige Prozesse auswählen ■ Die Teilnehmer machen sich Gedanken zu den Prozessen und bereiten Prozessdokus und andere Dokumente vor. ■ Wenn möglich lernen Sie wichtige Kernprozesse selbst kennen, z.B. mittels Contextual Inquery (siehe Abschnitt 9.3) oder »In die Lehre gehen« (siehe Abschnitt 1.5).

So ermitteln Sie einen Geschäftsprozess mit den Stakeholdern

1. Stecken Sie mit den Teilnehmern den Prozess zuerst grob ab (siehe weiter unten). Beginnen Sie auf keinen Fall gleich mit den Prozessschritten, sonst ist die Gefahr groß, sich in Details zu verzetteln.
2. Erst wenn Sie gemeinsam einen guten Überblick über den Prozess gewonnen haben, schreiben die Teilnehmer die wesentlichen Schritte für den Standardfall auf Moderationskarten. Es sollten nicht mehr als 15 Prozessschritte sein. Haben sie mehr, sind die Schritte bereits zu feingranular. Im Idealfall beschreiben sie hier den Standardablauf noch ohne Abzweigungen. Man nennt dies auch den »Happy Path«.
3. Die Teilnehmer bringen die Prozessschritte in die richtige Reihenfolge. Dies geht gut auf einem großen Tisch oder auf einer Pinnwand.
4. Gemeinsam begutachten Sie den ersten Entwurf des Prozesses.
5. Die Teilnehmer ergänzen auf den Karten für die einzelnen Schritte die Akteure, also wer am Schritt beteiligt ist. Beim Suchen der Akteure für einen Prozess kann es immer wieder vorkommen, dass Sie diese als zusätzliche Stakeholder in Ihre Stakeholder-Liste aufnehmen müssen.
6. Identifizieren Sie gemeinsam die im Prozess benötigten und erzeugten Daten und Artefakte.
7. Die Teilnehmer ergänzen die wichtigsten alternativen Pfade durch den Prozess. Achten Sie darauf, sich nicht in Details zu verlieren. Fügen Sie nicht mehr als 2–3 Bedingungen ein.

Zuerst den Prozess grob abstecken …

- Name:
  Wie heißt der Prozess?
- Prozessziel:
  Wann ist der Prozess erfolgreich? Was ist das Ziel?
- Prozessgrenze:
  Wann beginnt der Prozess? Wann endet er?
- Ablauf:
  Wie läuft der Prozess im Standardfall ab? Bitten Sie hier einen der Teilnehmer, ein konkretes Beispiel als kleine Geschichte zu erzählen.

… dann die Akteure, Daten und Artefakte für den Prozess klären

- Akteure:
  Wer oder was löst den Prozess aus? Wer ist daran beteiligt?
- Daten:
  Welche Daten werden zur Bearbeitung benötigt?
- Input:
  Wo kommen diese Daten her? Wer liefert die Daten?

- Output:
  Welche Artefakte werden im Prozess erzeugt? Was passiert damit? Wer arbeitet mit diesen weiter?

Elemente für die Erarbeitung eines Prozessablaufs mit Moderationskarten[2]

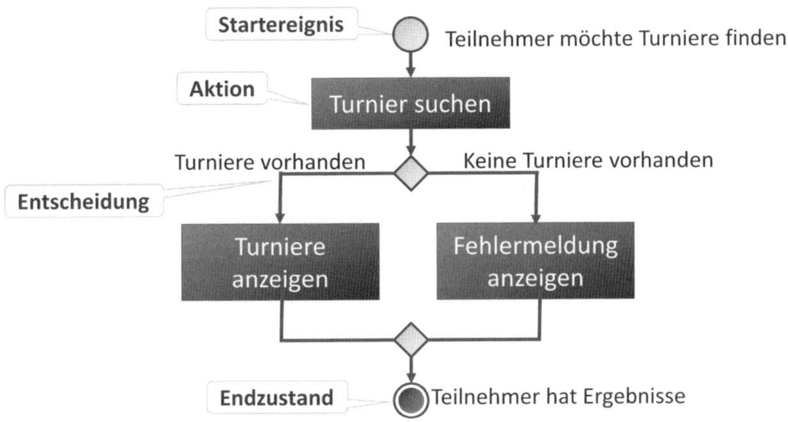

Abb. 9–3 *Ablaufmodell eines Prozesses*

9.3 Contextual Inquery: Prozesse erleben und verbessern

Soll ein bestehender Prozess verbessert werden, sehen Sie ihn sich immer zuerst in der Praxis an und diskutieren ihn dann im Workshop mit den beteiligten Stakeholdern. In der Regel wissen die Beteiligten genau, was verbessert werden kann. Ihre Aufgabe als Requirements Engineer ist es, dieses Wissen abzuholen. Mit der Contextual-Inquery-Methode kombinieren Sie die Beobachtung der Prozesse mit einem strukturierten Interview [IREB C.-A., 2012].

Methode	Contextual Inquery
Teilnehmer	Stakeholder mit Know-how zu den Prozessen. Dies können Mitglieder aus dem RE-Kernteam oder Inputgeber sein.
Hilfsmittel	Notizblock und Stifte
Gruppengröße	2–3 Stakeholder je Prozess
Zeitbedarf	▪ Bis zu einem halben Tag für die Beobachtung pro Prozess ▪ 45 Minuten Erarbeitung von Verbesserungsvorschlägen
Vorbereitung	Prozessübersicht

2. Weitere Infos zur Prozessmodellierung finden Sie z. B. in [Freund & Rücker, 2012].

So finden Sie Verbesserungsideen mittels Contextual Inquery [IREB C.-A., 2012]

1. Diskutieren Sie mit den Stakeholdern, welche Prozesse verbessert werden sollten.
2. Bitten Sie sie, Ihnen die Prozesse live zu zeigen. Vereinbaren Sie dazu genau, wer Ihnen wann welche Prozesse und Abläufe zeigt. Lassen Sie sich jeden Prozess am besten mehrfach von unterschiedlichen Personen zeigen.
3. Beobachten Sie jeden Prozess. Je nach Situation können Sie Fragen und Unklarheiten sofort klären oder für später notieren.
4. Überlegen Sie sich einen Fragenkatalog, den Sie mit den Beteiligten nach der Live-Demo des Prozesses durchgehen wollen. Als Ausgangspunkt können Sie den »Fragenkatalog zur Verbesserung von Prozessen« nutzen (siehe unten).
5. Erarbeiten Sie gemeinsam mit den Prozessbeteiligten anhand der Fragenliste Verbesserungspotenziale.
6. Lassen Sie diese in die Definition des Sollprozesses, z.B. mittels Prozesskarten, einfließen.

Die Contextual-Inquery-Methode ist zwar nicht direkt für den Einsatz in einem Workshop geeignet. Sie ergänzt aber die Workshops zu den Geschäftsprozessen optimal, da sie uns ermöglicht, die Anwender und ihre tägliche Arbeit besser zu verstehen. Am besten führen Sie eine Contextual Inquery zu Beginn oder parallel zu den Prozessworkshops durch.

Fragenkatalog zur Verbesserung von Prozessen

Die folgende Checkliste ist angelehnt an [IREB C.-A. , 2012]. Sie soll Ihnen bei der Analyse und Verbesserung der Fachprozesse helfen. Ergänzen Sie sie um Fragen, die für Ihr Projekt wichtig sind.

Fragestellung
Rollenteilung und Kommunikation
Rollenverteilung ■ Wie ist die Rollenverteilung im Prozess? ■ Ist die Rollenverteilung für den Prozess optimal? ■ Welche Probleme gibt es mit der Rollenverteilung?
Aufgaben ■ Was sind die wesentlichen Aufgaben im Prozess? ■ Sind Aufgaben und Verantwortlichkeiten klar definiert?
Kommunikation ■ Welche Kommunikationsmittel werden eingesetzt? ■ Sind die eingesetzten Kommunikationsmittel optimal? ■ Welche Probleme gibt es in der Kommunikation?

→

Fragestellung
Handlungsstrategien und Vorgehen
Tätigkeiten ■ Welche Tätigkeiten werden im Prozess ausgeführt? ■ Wie oft? In welchen Intervallen? ■ Wie lange dauert das? ■ Gibt es dabei Schwierigkeiten?
Ausnahmen und Probleme ■ Welche Ausnahmesituationen treten auf? Wie gehen Sie damit um? ■ Kann man Ausnahmesituationen vermeiden? ■ Welche Probleme treten dabei auf? ■ Erfolgt die Bearbeitung der Ausnahmen strukturiert?
Artefakte
Dokumente ■ Welche Dokumente und Formulare werden benutzt? ■ Sind diese optimal gestaltet? ■ Gibt es Redundanzen und unnötige Informationen? ■ Wie sind die Dokumente aufgebaut? ■ Ist der Aufbau für den Verwendungszweck geeignet?
Werkzeuge ■ Welche Werkzeuge verwenden Sie? ■ Sind diese für den Prozess geeignet? ■ Sind sie optimal bedienbar? ■ Was könnte man verbessern?
Anpassbarkeit ■ Können Werkzeuge und Artefakte angepasst werden? ■ Ist eine solche Anpassung notwendig? In welchem Umfang? ■ Werden Dokumente und Werkzeuge zweckentfremdet eingesetzt?
Kulturelle und soziale Einflüsse
Personen und Einfluss ■ Welche Personen sind am Prozess beteiligt? Wer nimmt Einfluss? ■ Übt jemand sozialen Druck aus? ■ Gibt es widersprüchliche Einflüsse?
Regeln ■ Welche Verhaltensregeln gibt es? ■ Sind diese Regeln allen bekannt?
Kulturelle Aspekte ■ Welche unterschiedlichen kulturellen Einflüsse gibt es? ■ Behindern diese die Prozessausführung?
Physisches Umfeld
Räumliches Umfeld ■ Wie ist die Raumaufteilung und Arbeitsplatzgestaltung? ■ Ist diese optimal für den Prozess? ■ Welche Wege und Distanzen müssen zurückgelegt werden? ■ Können diese reduziert oder ganz vermieden werden?
Hilfsmittel ■ Welche Hilfsmittel werden eingesetzt? ■ Sind diese ausreichend?

10 Systemkontext

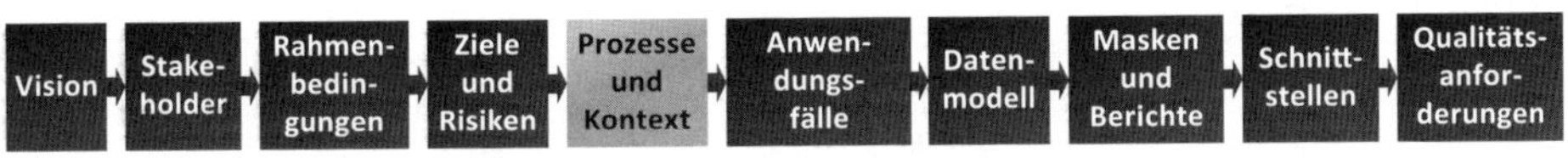

Der Systemkontext ist »der Teil der Umgebung eines Systems, der für die Definition und das Verständnis der Anforderungen [...] relevant ist« [Pohl & Rupp, 2011]. Einfluss auf unsere Anforderungen haben neben unseren Stakeholdern vor allem Schnittstellen zu Fremdsystemen. Darüber hinaus sind Gesetze und Normen (Datenschutz, Functional Safety etc.) sehr wichtig. Diese werden näher in Kapitel 16 betrachtet.

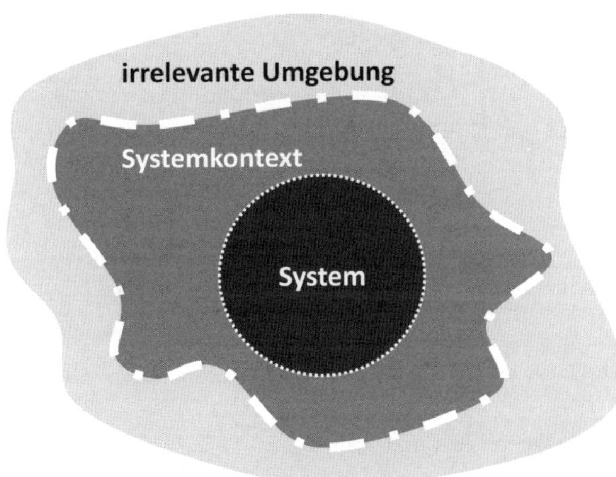

Abb. 10–1 *Der Kontext beinhaltet alles, was Einfluss auf die Anforderungen hat (Grafik angelehnt an [Pohl & Rupp, 2011]).*

Für die weitere Vorgehensweise im Projekt ist es notwendig, vor allem die Schnittstellen zu Fremdsystemen und Akteuren genau zu kennen.

10.1 Den Systemkontext erkunden

Ziel dieses Schrittes ist es, sich einen Überblick zu verschaffen, wer mit dem System arbeiten wird und zu welchen Fremdsystemen Schnittstellen notwendig sind. In einem Systemkontextdiagramm können Sie Fremdsysteme und menschliche Akteure einfach in einem Workshop erarbeiten und darstellen. Die technischen Schnittstellen zu Fremdsystemen und Benutzerschnittstellen zu menschlichen Akteuren sind wesentliche Themen, die im weiteren Verlauf der Anforderungsermittlung genauer spezifiziert werden müssen (siehe Kap. 13, 14 und 15).

Beispiel für ein gemeinsam erstelltes Systemkontextdiagramm der Bogenturnier-Anwendung

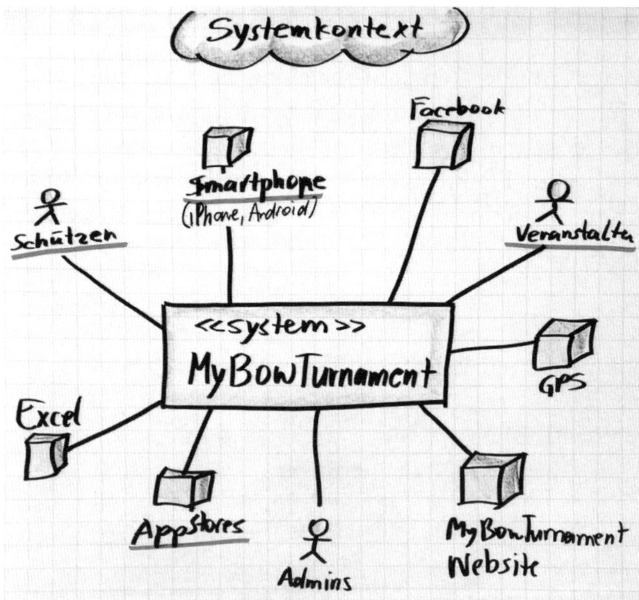

Abb. 10–2 *Der Systemkontext mit Akteuren und Fremdsystemen*

Methode	Systemkontext erkunden
Teilnehmer	▪ RE-Kernteam ▪ Evtl. Vertreter der IT mit gutem Überblick über die Systemlandschaft, wie z. B. ein Enterprise Architect
Hilfsmittel	Flipcharts und Stifte
Gruppengröße	Maximal 10 Personen
Zeitbedarf	60 Minuten
Vorbereitung	▪ Stakeholder-Liste ▪ Teilnehmer überlegen vorab, welche Akteure und Fremdsysteme es geben soll.

So identifizieren Sie Fremdsysteme und Akteure

1. Versenden Sie die Impulsfragen zum Finden von Fremdsystemen weiter unten vorab an die Teilnehmer.
2. Zum Finden der Akteure gehen Sie mit den Teilnehmern die Stakeholder-Liste durch und identifizieren Sie jene, die mit dem System arbeiten werden. Übertragen Sie diese Akteure ins Kontextdiagramm.
3. Als weitere Quelle können Sie die Prozessbeschreibungen heranziehen. Überarbeiten Sie wenn notwendig Ihre Stakeholder-Liste und fügen Sie Akteure hinzu, die noch nicht in der Liste enthalten sind.
4. Identifizieren Sie Fremdsysteme, zu denen es Schnittstellen geben soll. Verwenden Sie dafür untenstehende Impulsfragen zum Finden von Fremdsystemen. Als weitere Quelle können Sie die Prozessbeschreibungen heranziehen. Zeichnen Sie die gefundenen Fremdsysteme ins Kontextdiagramm ein.
5. Gehen Sie die Stakeholder-Liste und das Systemkontextdiagramm nochmals durch und prüfen Sie, ob alles richtig ist und die beiden konsistent sind. Ergänzen Sie wenn nötig neu gefundene Stakeholder in der Stakeholder-Liste.

Impulsfragen zum Finden von Fremdsystemen

Folgende Fragen können helfen, die Fremdsysteme in Ihrem Projekt zu finden. Vor Verwendung der Liste sollten Sie nicht relevante Fragen zum konkreten Projekt streichen bzw. zusätzlich relevante hinzufügen:

- Zu welchen Fremdsystemen werden Schnittstellen benötigt?
- Aus welchen Fremdsystemen werden Daten benötigt?
- An welche Fremdsysteme werden Daten geliefert?
- Welche Fremdsysteme arbeiten mit unseren Daten weiter?
- Aus welchen Fremdsystemen müssen bei der Installation (Alt-)Daten übernommen werden?
- Welche Fremdsysteme liefern für den laufenden Betrieb notwendige Daten?
- Wohin werden Daten und Artefakte abgespeichert (z.B. Dateisystem, Datenbanksysteme, ERP-System)?
- Können Stammdaten aus Fremdsystemen übernommen oder referenziert werden?
- Können Bewegungsdaten aus anderen Systemen importiert werden?
- Könnten Daten aus unserem System in Fremdsystemen verwendet werden, um dort nicht nochmals manuell erfasst werden zu müssen?
- Auf welchen Servern mit welchen Betriebssystemen, Datenbanksystemen, Webservern etc. wird das System installiert?
- Auf welchen Clients mit welchen Betriebssystemen wird das System installiert?

Elemente für die Darstellung im Kontextdiagramm[1] am Flipchart

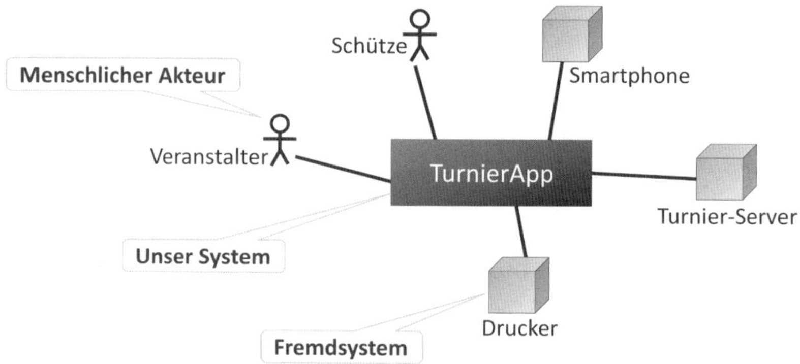

Abb. 10–3 *Sammeln der Fremdsysteme und Akteure im Kontextdiagramm*

Im Kontextdiagramm sind nur die menschlichen Benutzer und Fremdsysteme dargestellt, die direkt mit dem System interagieren. Andere Einflussfaktoren für Anforderungen, wie z.B. Gesetze und Normen, können nicht dargestellt werden. Diese werden in Kapitel 16 behandelt.

10.2 Den Datenfluss heranzoomen

Der wesentliche Zweck von Schnittstellen ist das Austauschen von Daten. Es ist daher wichtig, herauszufinden, welche Daten an ein Fremdsystem geliefert werden und welche Daten unser System vom Fremdsystem bekommt. Dieser Überblick ist ein wesentlicher Input für den späteren Aufbau des Datenmodells (siehe Kap. 12) und die genaue Spezifikation der Schnittstellen (siehe Kap. 15).

1. Das hier vorgestellte Systemkontextdiagramm ist ein angepasstes UML-Anwendungsfalldiagramm. Weitere Infos finden Sie in [Weilkiens, 2014].

Beispiel für die Daten, die unsere Bogenturnier-Anwendung mit einem Fremdsystem austauscht

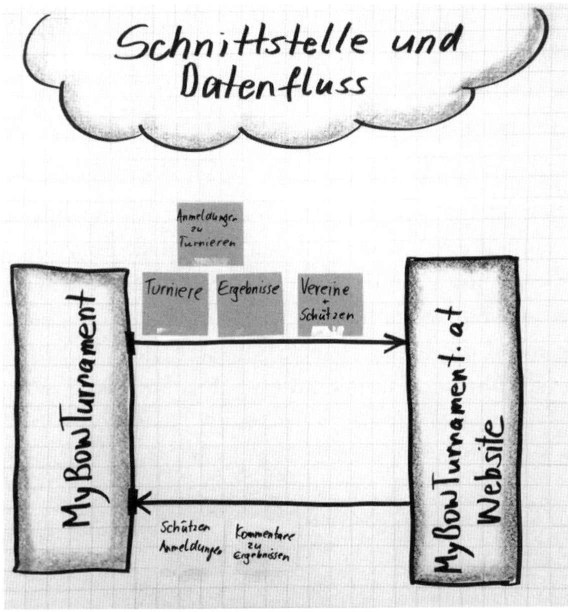

Abb. 10–4 *Den Datenfluss an einer Schnittstelle heranzoomen*

Methode	Datenfluss heranzoomen
Teilnehmer	■ RE-Kernteam ■ Inputgeber mit Know-how für die benötigten Schnittstellen
Hilfsmittel	Flipcharts und Stifte
Gruppengröße	Maximal 12 Personen
Zeitbedarf	20 Minuten je Schnittstelle
Vorbereitung	■ Kontextübersicht ■ Teilnehmer überlegen vorab, welche Daten mit den Fremdsystemen ausgetauscht werden sollen.

So ermitteln Sie, welche Daten über eine Schnittstelle fließen

1. Teilen Sie die Gruppe in Kleingruppen auf und weisen Sie jeder Kleingruppe einen Teil der gefundenen Schnittstellen zu Fremdsystemen zu. Achten Sie dabei darauf, dass die Teilnehmer in der jeweiligen Kleingruppe entsprechendes Wissen über die zugewiesenen Fremdsysteme haben.

2. Jede Kleingruppe stellt auf einem Flipchart je Fremdsystemschnittstelle dar, welche Daten an das Fremdsystem übergeben werden und welche vom Fremdsystem an unser System geliefert werden[2]. Verwenden Sie dazu am besten verschiedenfarbige Post-its. Auf jedes Post-it notieren Sie ein Datenobjekt. Importierte Daten z.B. auf gelbe Post-its, exportierte auf rote.
3. Präsentieren Sie die Ergebnisse in einem Marktplatz (siehe Abschnitt 2.3.4). So kann jeder Ergänzungen und Anmerkungen an den Ergebnissen der anderen Kleingruppen anbringen.

Durch die Parallelisierung der Arbeit in mehreren Kleingruppen können Sie im Workshop sehr schnell einen vollständigen Überblick über alle Daten erlangen, die über Schnittstellen mit Fremdsystemen ausgetauscht werden sollen.

Diese Daten sind ein wesentlicher Input für das fachliche Datenmodell des Systems. Dort werden die hier auf viele Schnittstellenbeschreibungen verteilten Daten zusammengeführt und konsolidiert. Wie Sie dabei vorgehen, zeigt das Kapitel 12.

2. Diese Darstellungsform ist ein vereinfachtes Datenflussdiagramm [Cziharz, 2014].

11 Anwendungsfälle

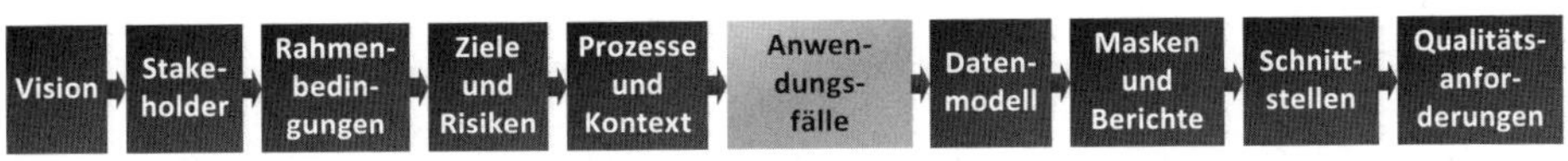

Anwendungsfälle (engl.: Use Cases) sind die Antwort auf die Frage »Was willst du mit dem System machen?«. Sie beschreiben die Möglichkeiten, was Anwender mit dem System tun und wie sie mit dem System interagieren können. Anwendungsfälle sind somit das zentrale Element der funktionalen Spezifikation. Ein Anwendungsfall ist eine Abfolge von zeitlich und fachlich zusammenhängenden Schritten. Er wird von einem fachlichen Auslöser, z.B. einem Akteur, gestartet und liefert ein sinnvolles Ergebnis. In den Schritten des Anwendungsfalls werden Systemfunktionen verwendet, um das gewünschte Ergebnis zu erzielen [Weilkiens, 2014] (siehe Abb. 11–1).

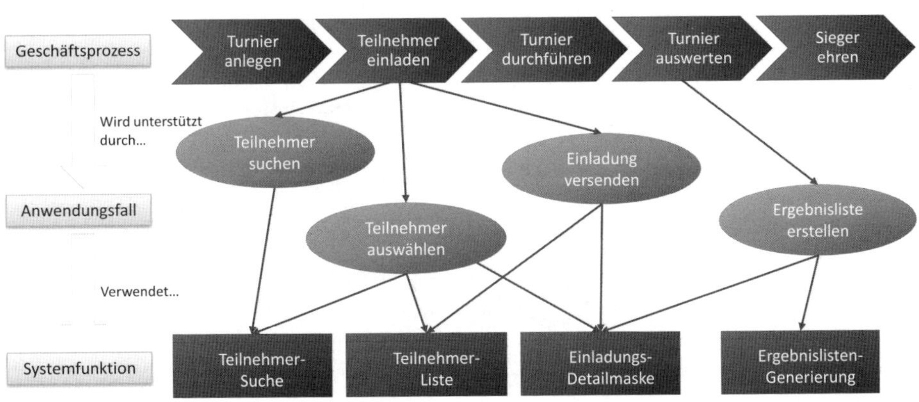

Abb. 11–1 *Von Geschäftsprozessen zu Anwendungsfällen zu Systemfunktionen*

Aus Systemsicht betrachtet sind Anwendungsfälle die Dienstleistungen (Services), die ein System seinen Akteuren zur Verfügung stellt [Weilkiens, 2014]. Sie sind auch eine perfekte Basis zur Erstellung von Testfällen, da sie Schritt für Schritt beschreiben, was die Anwender mit dem System tun können.

11.1 Die richtigen Anwendungsfälle finden

Ein Anwendungsfalldiagramm[1] ist eine Art grafisches Inhaltsverzeichnis für die Anwendungsfälle [Kobryn, 2001]. Es ist einer Mindmap sehr ähnlich und hilft beim Finden der richtigen Use Cases in Workshops. Jeder Anwendungsfall wird darin als Ellipse dargestellt. Die Akteure kommen als Strichmännchen an den Rand des Modells und werden mit den Anwendungsfällen verbunden. Alternativ dazu können Sie die Anwendungsfallübersicht auch als einfache Mindmap oder Liste erstellen. Die Form ist nicht wesentlich. Wichtig ist, dass es Ihnen und den Teilnehmern hilft, einen Überblick zu bekommen, was mit dem System alles machbar sein soll.

Beispiel für ein Anwendungsfalldiagramm der Bogenturnier-Anwendung

Das Beispiel zeigt Use Cases, die für einen der zentralen Prozesse, nämlich die Teilnahme an einem Turnier, abgeleitet wurden. Die an einem Anwendungsfall beteiligten Akteure sind hier durch Strichmännchen gekennzeichnet.

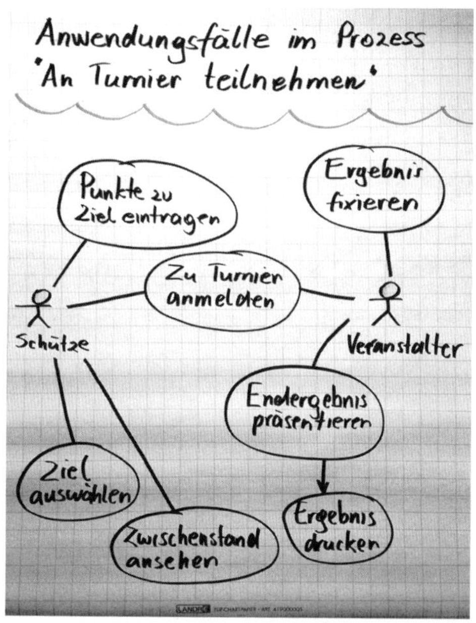

Abb. 11–2 *Anwendungsfälle zu einem Geschäftsprozess finden*

1. Das hier im Workshop verwendete Anwendungsfalldiagramm ist an ein UML-Anwendungsfalldiagramm angelehnt.

Methode	Anwendungsfälle finden
Teilnehmer	■ RE-Kernteam, unbedingt teilnehmen sollten Vertreter der zukünftigen Anwender ■ Evtl. Experten für beteiligte Fremdsysteme
Hilfsmittel	■ Flipcharts und Stifte ■ Prozesslandkarte und Prozessbeschreibungen
Gruppengröße	Maximal 5 Personen
Zeitbedarf	Ca. 90 Minuten
Vorbereitung	■ Prozesslandkarte und Prozessbeschreibungen ■ Systemkontextdiagramm (für Akteure und Fremdsysteme)

So finden Sie Ihre Anwendungsfälle

1. Gehen Sie Prozess für Prozess durch und überlegen Sie mit den Stakeholdern, mit welchen Anwendungsfällen (Funktionen) diese im System unterstützt werden könnten. Welche Prozessschritte sind direkt 1:1 Anwendungsfälle? Welche Schritte können wir durch einen oder mehrere Anwendungsfälle ganz oder teilweise unterstützen?
2. Übertragen Sie die gefundenen Anwendungsfälle auf ein Flipchart.
3. Versetzen Sie sich in die Rolle Ihrer Personas (siehe Abschnitt 5.2). Was müssen diese mit dem System machen können? Was ist ihnen wichtig? Sehen Sie die Welt durch die Augen der Personas.
4. Identifizieren Sie sonstige, nicht direkt aus den Geschäftsprozessen sichtbare Anwendungsfälle.
5. Ergänzen Sie gemeinsam mit den Teilnehmern die Akteure und Fremdsysteme, die an den Anwendungsfällen beteiligt sind.
6. Prüfen Sie, ob es im Kontextdiagramm Akteure oder Fremdsysteme gibt, die noch in keinem Anwendungsfall vorkommen. Wenn ja, prüfen Sie mit den Teilnehmern, welche Anwendungsfälle für diese noch notwendig sind.

Schnittstellen-Anwendungsfälle

Anwendungsfälle sind nicht nur von menschlichen Akteuren angestoßene Abläufe, sondern können auch Schnittstelleninteraktionen mit anderen Systemen beschreiben. Diskutieren Sie diese ausführlich mit Ihren Stakeholdern. Hierfür benötigen Sie möglicherweise zusätzliche Experten für die Fremdsysteme.

Anwendungsfälle abseits der Fachprozesse, die man gerne vergisst

Welche Anwendungsfälle im System haben wir für ...

- die Verwaltung von Stammdaten?
- die Benutzerverwaltung und das Rechtemanagement?
- die Systemüberwachung und das Ansehen von Protokolldaten?

- die Suche nach Daten?
- den Export und Import von Daten?
- die Auswertung von Daten mit Berichten?
- das Ausdrucken von Daten?
- das Handling von Listen, z.B. Sortieren, Filtern, Blättern, ...?
- die Erstellung und Anwendung von Vorlagen?
- die Anpassung des Systems (Customizing), wie Anpassung des Menüs, Anpassung der Sprachen und UI-Texte, Anpassung der Berichte etc.?
- das Wiederherstellen und Archivieren von Daten?
- das Korrigieren von Fehlern?
- das Erfüllen spezifischer Gesetze und Normen?

Anwendungsfälle benennen und agile Use Cases

Einige meiner Kunden verwenden für den Anwendungsfalltitel die Satzschablone für User Stories [Cohn, 2004]:

*»Als <**Rolle**> möchte ich <**Aktion**>, damit <**Nutzen**>«*

Beispiele für solche Use-Case-Titel:

- »Als Veranstalter möchte ich registrierte Benutzer über ein neues Turnier informieren, damit sich möglichst viele Leute dafür anmelden.«
- »Als Administrator möchte ich Benutzer sperren, damit unerlaubte Zugriffe verhindert werden.«

Sie können die Anwendungsfälle auch direkt aus Sicht Ihrer Personas suchen und benennen. Versetzen Sie sich in die Persona. Was braucht sie? Worauf legt sie Wert?

Während des Identifizierens von Anwendungsfällen werden die Teilnehmer viele weitere wichtige Informationen und Anforderungen an die Umsetzung finden. Notieren Sie diese als Akzeptanzkriterien unbedingt für später.

11.2 Den Ablauf mit Anwendungsfallkarten beschreiben

Ein Anwendungsfall beschreibt Schritt für Schritt, wie ein Akteur ein bestimmtes Ergebnis erreichen kann und was für die Umsetzung wichtig ist. Anwendungsfallkarten helfen, diese Schritte und weitere Infos zu finden und festzuhalten. All diese Daten werden auf einer großen Moderationskarte (ca. A5) gesammelt. Vorne werden Titel, Ergebnis und Ziel des Anwendungsfalls sowie Akzeptanzkriterien und der zuständige Stakeholder notiert. Auf der Rückseite werden die wesentlichen Schritte festgehalten.

Beispiel für eine Anwendungsfallkarte aus der Bogenturnier-Anwendung

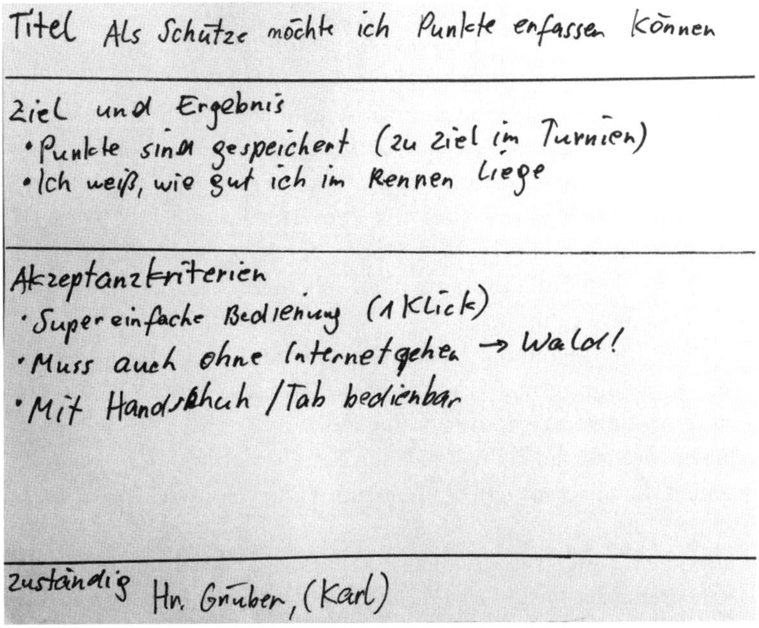

Abb. 11–3 *Anwendungsfallkarte mit Titel, Ziel und Akzeptanzkriterien*

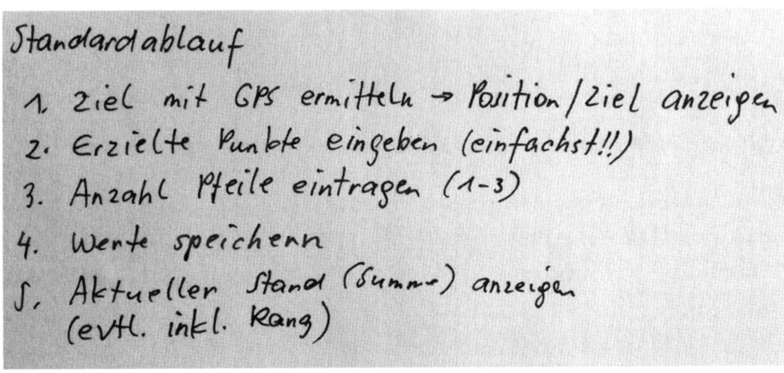

Abb. 11–4 *Rückseite mit dem Standardablauf des Anwendungsfalls*

Methode	Anwendungsfallkarten
Teilnehmer	■ RE-Kernteam ■ Inputgeber für Anwendungsfälle
Hilfsmittel	Große Moderationskarten (ca. A5) und Stifte
Gruppengröße	Maximal 10 Personen
Zeitbedarf	Ca. 30 Minuten je Anwendungsfall
Vorbereitung	Liste der Anwendungsfälle

So erarbeiten Sie die wesentlichen Infos zu einem Anwendungsfall

1. Teilen Sie die Gruppe in Zweierteams.
2. Priorisieren Sie die z.B. in einem Anwendungsfalldiagramm gesammelten Use Cases mittels Rosinenpickens.
3. Die Kleingruppen wählen die Anwendungsfälle in der Reihenfolge der Priorität zur Bearbeitung aus. Welche Gruppe dabei einen Anwendungsfall beschreibt, können die Teilnehmer selbst entscheiden.
4. Jede Gruppe findet einen **Titel** für den Anwendungsfall. Dieser folgt der Schablone »Substantiv« + »Verb« oder der Satzschablone für User Stories. Man soll in jedem Fall schon am Titel sehen, dass es sich um etwas Aktives, um eine Interaktion handelt.
5. Als Nächstes definieren die Teams **Ergebnis und Ziel**, also »Was erreiche ich mit dem Anwendungsfall?«, »Was ist der Nutzen?« und »Welche Daten und Artefakte produziert der Anwendungsfall?«.
6. Danach erarbeiten die Teilnehmer den **Standardablauf** des Anwendungsfalls. Sie können dabei so vorgehen, wie beim Ausarbeiten der Fachprozesse (siehe Abschnitt 9.2).
7. Diskutieren Sie die wesentlichen **Akzeptanzkriterien**. Viele davon werden schon während der Diskussion des Zieles und der Schritte ganz von selbst genannt werden.
8. Nach dem Standardfall, dem »Happy Path«, ergänzen die Teilnehmer **alternative Pfade, Ausnahmen und Fehlerfälle.**
9. Als Letztes nominieren die Teilnehmer denjenigen Stakeholder, der Fragen zum Anwendungsfall am besten beantworten kann.

Muss ich wirklich jeden Anwendungsfall und jede Funktion spezifizieren?

In jeder Software gibt es zahlreiche Funktionen, die immer nach demselben Schema ablaufen. Die Wartung von Stammdaten ist hierfür ein gutes Beispiel. Oft gibt es Dutzende Stammdatentabellen, für die das Hinzufügen, Bearbeiten, Löschen und Suchen immer gleich abläuft und die Masken gleich aufgebaut sind. Überlegen Sie sich, ob es nicht reicht, ein Beispiel zu spezifizieren und alle anderen Anwendungsfälle dann nur als Überschrift oder Eintrag im Anwendungsfalldiagramm aufzulisten. Wenn Ihre Entwickler solche Funktionen in anderen Applikationen schon zigfach umgesetzt haben, können Sie sich vielleicht auch die eine Beispielspezifikation sparen und bloß auf die bestehenden Applikationen verweisen. Im Zweifelsfall gilt aber: lieber zu viel als zu wenig.

Zusammenfassen von Anwendungsfällen

Ein Anwendungsfall ist dann sinnvoll und vollständig, wenn er von außen ausgelöst wird und am Ende ein sinnvolles Ergebnis nach außen liefert. Wenn zwei Anwendungsfälle das gleiche Ergebnis liefern und der Großteil der Schritte ebenfalls gleich ist, sollten Sie diese zu einem zusammenfassen und die Unterschiede als alternative Pfade durch den Anwendungsfall beschreiben. Sie können hier die 80:20-Regel verwenden: Wenn 80 % zweier Anwendungsfälle gleich sind, können sie zusammengefasst werden [Cziharz, 2014].

Fragen zum Finden der Akzeptanzkriterien für einen Anwendungsfall

Folgende zusätzliche Informationen sollten Sie zu jedem Anwendungsfall ermitteln:

- Was ist bei der Ausführung dieses Anwendungsfalls wichtig?
- Worauf müssen die Entwickler bei der Umsetzung unbedingt achten?
- Was muss bei der Abnahme des Anwendungsfalls geprüft werden?
- Was darf auf keinen Fall passieren?
- Was muss alles konfigurierbar sein?
- Worauf muss bei der Gestaltung der Masken geachtet werden?
- Welche Performance ist für diesen Anwendungsfall erforderlich?
- Welche weiteren Qualitätsanforderungen haben wir?

11.3 Anwendungsfälle weiter präzisieren

Die Informationen auf einer Anwendungsfallkarte inklusive der Akzeptanzkriterien sind eine erste Stufe der Spezifikation. Für manche Entwicklungsprojekte reicht dies bereits für die Umsetzung. In anderen Fällen müssen die Anwendungsfälle noch genauer beschrieben werden, z. B. wenn die Entwicklung an neue, externe Umsetzungspartner vergeben wird oder die Entwickler wenig Erfahrung im Fachbereich haben. Um einen Anwendungsfall exakt zu beschreiben, können Sie folgendes Schema verwenden [Bergsmann, 2014]:

Attribut	Beschreibung
ID	Eindeutige Nummer des Anwendungsfalls
Titel	Titel des Anwendungsfalls z. B. nach agiler Satzschablone
Ziel und Ergebnis (Kundennutzen)	Was erreiche ich mit dem Anwendungsfall? Was ist der Nutzen? Welche Daten werden produziert?
Standardszenario	Wie sieht der Standardablauf, der Happy Path aus?
Alternativszenarien	Auf welchen alternativen Wegen erreiche ich das Ziel?
Fehlerszenarien	Welche Fehler können auftreten, sodass das Ziel nicht mehr erreicht wird? Was soll dann passieren?
Vorbedingung	Was muss vor Beginn des Ablaufs erfüllt sein?
Nachbedingung	Welchen Zustand hat das System nach dem Use Case?
Akteure	Welche menschlichen Akteure und Fremdsysteme sind beteiligt?
Trigger	Was löst den Anwendungsfall aus?

→

Attribut	Beschreibung
Risiko	Wie hoch ist das Risiko für das Unternehmen bzw. den Kunden, wenn dieser Use Case nicht korrekt funktioniert?
Priorität	Wie wichtig ist der Use Case für den Kunden?
Maskenentwürfe	Welche Masken werden für den Anwendungsfall benötigt? Wie sollen diese aussehen? Siehe Kapitel 13.
Berichte	Welche Berichte werden verwendet? Siehe Kapitel 14.
Verwendete Daten	Welche Daten werden im Anwendungsfall verwendet? Welche Dokumente und Artefakte?
Akzeptanzkriterien	Was muss die Umsetzung des Anwendungsfalls noch alles berücksichtigen? Was muss noch alles erfüllt sein?

Die weitere Verfeinerung des Anwendungsfalls passiert am besten nicht mehr in großer Gruppe in einem Workshop, sondern in Detailmeetings und Interviews mit wenigen Stakeholdern. Weiterführende Informationen rund um Anwendungsfälle und die Spezifikation mit Use Cases finden Sie in [Bergsmann, 2014] und im großartigen Buch von Alistair Cockburn »Writing Effective Use Cases« [Cockburn, 2000].

Beispiel für einen Anwendungsfall der Bogenturnier-Anwendung

Attribut	Beschreibung
ID	UC-0147
Titel	Als Schütze möchte ich meine Punkte erfassen können, damit ich am Ende weiß, wie viele Punkte ich habe und welchen Platz in der Wertung ich erreicht habe.
Ziel und Ergebnis (Kundennutzen)	■ Punkte zu einem Ziel im Turnier sind gespeichert. ■ Schütze kennt seinen aktuellen Platz in der Wertung. ■ Veranstalter sieht, wo Schützen sind und wer führt.
Standardszenario	1. Das System ermittelt aus der aktuellen GPS-Position das aktuelle Ziel im Turnier. 2. Das System zeigt das Ziel an und fordert zur Punkteeingabe auf. 3. Der Schütze wählt die erzielten Punkte aus. 4. Der Schütze gibt an, wie viele Pfeile er benötigt hat. 5. Das System speichert die Wertung. 6. Das System übermittelt die Wertung an den Veranstalter. 7. Das System zeigt den aktuellen Punktestand und den aktuellen Rang im Turnier an.
Alternativszenarien	1.a Die Position kann nicht ermittelt werden. 1.a.1 Der Schütze wählt manuell ein Ziel aus. 3.a Der Schütze hat nicht getroffen. 3.a.1 Der Schütze schließt das Ziel ohne Punkte.

→

Attribut	Beschreibung
Fehlerszenarien	1.a Das System ermittelt ein falsches Ziel 1.a.1 Der Schütze wählt manuell das richtige Ziel. 6.a Keine Verbindung zum Server 6.a.1 Das System zeigt eine Fehlermeldung an. 6.a.2 Das System versucht automatisch die Werte zu übermitteln, wenn Verbindung besteht.
Vorbedingung	▪ Schütze ist registriert und angemeldet. ▪ Turnier ist angelegt und gestartet. ▪ Schütze ist beim Turnier als Teilnehmer registriert.
Nachbedingung	▪ Punkte sind beim Schützen gespeichert. ▪ Punkte sind am Server gespeichert. ▪ Wertung ist aktualisiert.
Akteure	▪ Schütze ▪ GPS-Modul
Trigger	Der Schütze kommt bei einem Ziel an.
Risiko	5–Sehr Hoch Dies ist einer der zentralen Anwendungsfälle des Systems!
Priorität	5–Sehr Hoch
Maskenentwürfe	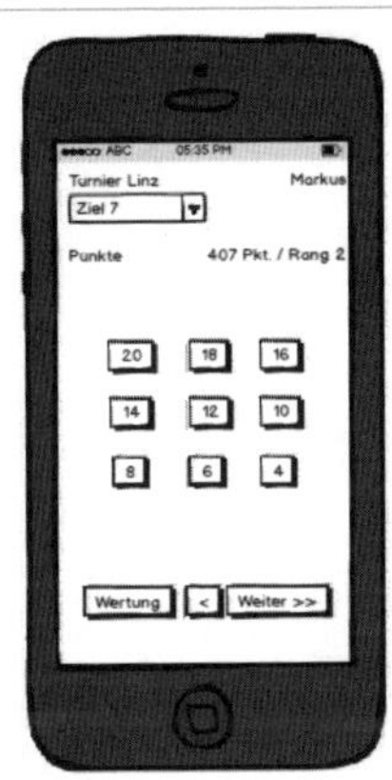

Abb. 11-5 *UI-Entwurf[a] für einen Anwendungsfall*

Berichte	▪ Keine
Verwendete Daten	▪ Schütze ▪ PunkteWertung ▪ Turnier ▪ Ziel ▪ GPSPosition
Akzeptanzkriterien	▪ Bedienung muss mit einer Hand möglich sein! ▪ Bedienung muss auch mit Handschuh möglich sein. ▪ Punkteeingabe muss mit einem Klick möglich sein. ▪ Muss auch funktionieren, wenn gerade keine Internetverbindung verfügbar ist. ▪ Bedienung muss für Links- und Rechtshänder möglich sein.

a. Für diese Skizze wurde balsamiq verwendet (*http://webdemo.balsamiq.com*).

12 Datenmodell

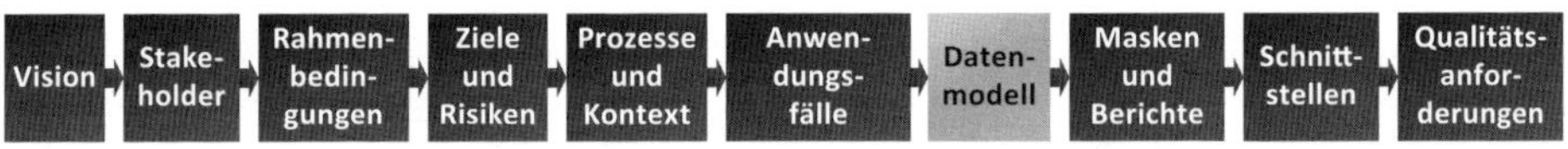

Viele Softwareprodukte arbeiten mit Informationen und Daten. Sie bieten Funktionen zum Anlegen, Suchen, Lesen, Darstellen, Ändern, Löschen, Transformieren und Analysieren dieser Daten. Ein Datenmodell beschreibt, mit welchen Daten gearbeitet wird, z.B. Schützen, Turnieren, Wertungen, und wie diese zusammenhängen, z.B. »Ein Schütze nimmt an mehreren Turnieren teil«, »Jede Wertung gehört zu genau einem Schützen und einem Turnier«.

Im ersten Schritt beschäftigen wir uns mit dem fachlichen Datenmodell. Dieses stellt die Daten aus fachlicher Sicht dar. Es ist meist etwas einfacher als das technische Datenmodell, das die Grundlage für die Implementierung darstellt und alle Details zu den Daten und Beziehungen beinhalten muss. In der Regel kann das technische Datenmodell aus dem fachlichen abgeleitet werden.

Welche Daten für unsere Software relevant sind und wie diese zusammenhängen, kann man aus den gemeinsam erarbeiteten Datenflussdarstellungen für die Schnittstellen des Systems (siehe Abschnitt 10.2), sowie aus den Geschäftsprozessen und den Anwendungsfällen ableiten. Bei deren Definition haben wir bereits die verwendeten Daten berücksichtigt, dies können wir hier als Basis heranziehen. Daneben gibt es noch weitere Quellen für das Datenmodell:

- Unternehmensprozessbeschreibungen
- Dokumentation bestehender Softwaresysteme
- Bestehende Artefakte z.B. Formulare, Berichte, Ausdrucke
- Vorhandene Glossare

Um ein Softwaresystem richtig bauen zu können, müssen wir neben der Struktur der Daten auch die zu erwartende Datenmenge richtig abschätzen. Es macht für die Implementierung einen gewaltigen Unterschied, ob z.B. bei einer Suche in der Schützenliste 1.000 Schützen durchsucht werden müssen oder 100.000.

12.1 Das fachliche Datenmodell aufbauen

Meiner Erfahrung nach ist es wenig sinnvoll, einen eigenen Workshop zur initialen Erstellung des Datenmodells durchzuführen. Dieser Vorgang ist zu abstrakt, als dass er für die Fachanwender wertvoll ist. Besser ist es, wenn Sie als Requirements Engineer einen Entwurf erstellen und erst diesen dann in einem Workshop mit den Stakeholdern diskutieren.

Beispiel für ein fachliches Datenmodell der Bogenturnier-Anwendung

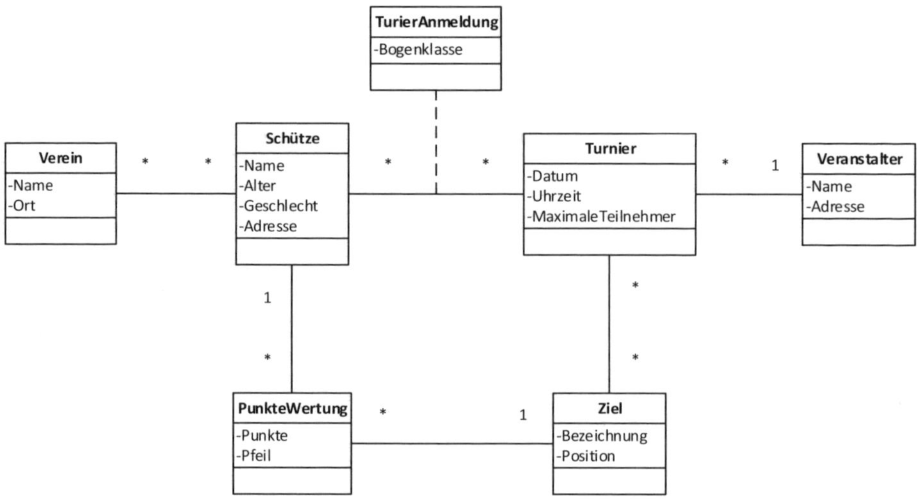

Abb. 12–1 *Fachliches Datenmodell mit Objekten, Attributen und Beziehungen*

Methode	Fachliches Datenmodell
Teilnehmer	■ RE-Kernteam und Inputgeber mit Know-how zu den benötigten Daten ■ Evtl. Datenmodellierungsexperte
Hilfsmittel	■ Evtl. Datenmodellierungssoftware ■ Ansonsten Flipchart und Stifte
Gruppengröße	■ Erstellung des Entwurfs: 1–2 Teilnehmer ■ Review des Modells: maximal 5 Teilnehmer
Zeitbedarf	120 Minuten für gemeinsames Review des Datenmodells
Vorbereitung	■ Prozessbeschreibungen ■ Anwendungsfallbeschreibungen

So leiten Sie aus Prozessen, Anwendungsfällen und Schnittstellen ein fachliches Datenmodell ab

1. Gehen Sie alle definierten Schnittstellen, Prozesse und Anwendungsfälle durch und notieren Sie sich die dort verwendeten Daten.
2. Erstellen Sie daraus und aus den anderen Quellen einen Entwurf des fachlichen Datenmodells. Diesen Entwurf erstellen Sie am besten alleine oder mithilfe eines erfahrenen Kollegen. Beginnen Sie dabei mit der Identifikation der **Datenobjekte**, z. B. »Turnier«, »Schütze«.
3. Modellieren Sie dann die **Beziehungen** zwischen den Daten, z. B. »Ein Schütze nimmt an Turnieren teil«, »Ein Turnier hat Wertungen«.
4. Definieren Sie die **Kardinalitäten** der Beziehungen, z. B. »Ein Schütze kann an beliebig vielen Turnieren teilnehmen. Pro Turnier gibt es für jeden Schützen genau eine Wertung«.
5. Führen Sie die wesentlichen **Attribute** der Objekte an, z. B. für den »Schützen«: »Name«, »Adresse«, »Schützennummer«, »Status«.
6. Diskutieren Sie nun Ihren Entwurf mit den Stakeholdern. Besprechen Sie zuerst die Objekte, danach die Beziehungen und am Ende die Attribute. Ergänzen Sie dabei fehlende Datenobjekte, Beziehungen und Attribute.
7. Diskutieren Sie zusätzliche **Geschäftsregeln** für die Daten mit den Stakeholdern. Notieren Sie die Regeln bei den zugehörigen Datenobjekten.
8. Besprechen Sie mit den Stakeholdern das Mengengerüst für die Datenobjekte (siehe Abschnitt 12.2).

Geschäftsregeln für Daten

Die Daten unterliegen zum Teil komplexen fachlichen Regeln. Diese beschreiben, welche Bedingungen die Daten erfüllen müssen, um gültig zu sein.

Beispiele für solche Regeln sind:

- »Jeder Veranstalter kann maximal 5 Adressen haben.«
- »Eine Adresse des Veranstalters muss als ‚Hauptsitz' gekennzeichnet sein.«
- »Schützennummern müssen lückenlos fortlaufende Nummern sein.«

Weitere Verfeinerung und technisches Datenmodell

Das fachliche Datenmodell kann meist noch nicht 1:1 in Software umgesetzt werden. Es fehlen wichtige Informationen wie Datentypen zu den Attributen, Feldlängen, bei Zahlenwerten Größe und Zahlenraum, Definition von Pflichtfeldern, Primärschlüssel etc. Diese Informationen ergänzen Sie am besten in Detailmeetings und Interviews mit einem erfahrenen Datenmodellierer und einem Stakeholder. Sind diese Informationen alle spezifiziert, kann der Datenmodellierer daraus das technische Datenmodell ableiten und die Datenbank erstellen.

12.2 Checkliste für das Aufstellen des Mengengerüsts

Das Mengengerüst beschreibt, mit welcher Datenmenge bei den einzelnen Objekten zu Beginn zu rechnen ist und wie sich diese verändern wird. Datenmenge und Wachstum sind eigentlich Qualitätsanforderungen (siehe Kap. 16). Ich empfehle Ihnen aber, es gleich beim Durchgehen des Datenmodells mitzudiskutieren, da es thematisch gut dazu passt und die passenden Stakeholder bereits anwesend sind.

Ergebnis ist ein Mengengerüst für die wichtigsten Datenobjekte:

Datenobjekt	Initiale Anzahl	Wachstum 1. Jahr	Wachstum je Folgejahr	Obergrenze
Tabelle 1	10	200	300	10.000
Tabelle 2	1	100	200	100.000
...	...	...	...	...

Beispiel für das Mengengerüst der Bogenturnier-Anwendung

Datenobjekt	Initiale Anzahl	Wachstum 1. Jahr	Wachstum je Folgejahr	Obergrenze
Schütze	20	200	300	10.000
Veranstalter	10	5	5	100
Turnier	0	5	10	10.000
TurnierAnmeldung	0	500	1.000	1.000.000
Ziel	0	150	300	500.000
PunkteWertung	0	10.000	20.000	50.000.000
Verein	50	10	5	500

Methode	Mengengerüst
Teilnehmer	■ RE-Kernteam ■ Inputgeber mit Know-how zu den benötigten Daten
Hilfsmittel	Keine
Gruppengröße	2–3 Personen
Zeitbedarf	30 Minuten
Vorbereitung	■ Fachliches Datenmodell ■ Informationen zum Altsystem einholen ■ Geplante Nutzung und deren Entwicklung überlegen

Versuchen Sie hier nicht, eine exakte Zahl zu ermitteln. Fragen Sie die Stakeholder eher nach einer Größenkategorie, in der sich die einzelnen Werte bewegen werden, z.B. »1–100–1.000–100.000–Millionen?«

Eine gute Quelle für die geplante Entwicklung sind Vision und Ziele. Diese sollten bereits Aussagen zu den langfristig gewünschten Nutzungszahlen beinhalten. Eine weitere wichtige Quelle sind die Datenmengen in eventuell vorhandenen Altsystemen.

Diskutieren Sie mit den Stakeholdern, wie lange das System im Einsatz sein wird. Aus der geplanten Einsatzdauer und der erwarteten Steigerungsrate pro Jahr können Sie errechnen, wie viele Datensätze maximal zu erwarten sind. Wenn die initiale Datenmenge und die Steigerungsrate eines Datenobjekts sehr gering sind, können Sie es überspringen. Wichtig ist, dass Sie das Mengengerüst für die großen Datenobjekte kennen. In den meisten Datenbanken enthalten 5–10 % der Tabellen 99 % der Daten.

Für das Mengengerüst stellen Sie für jedes Datenobjekt folgende Fragen:

Checkliste für das Aufstellen des Mengengerüsts
■ Wie viele Einträge werden wir zu Beginn haben?
■ Wie viele Einträge kommen im ersten Jahr dazu? ■ Wie viele Einträge kommen in den darauffolgenden Jahren dazu?
■ Gibt es eine fachlich begründete Obergrenze für die Anzahl der Einträge?
Wenn es ein Altsystem gibt: ■ Wie viele Einträge sind dort vorhanden? ■ Wie war die Wachstumsrate in den letzten zwei Jahren im Altsystem?

13 Masken

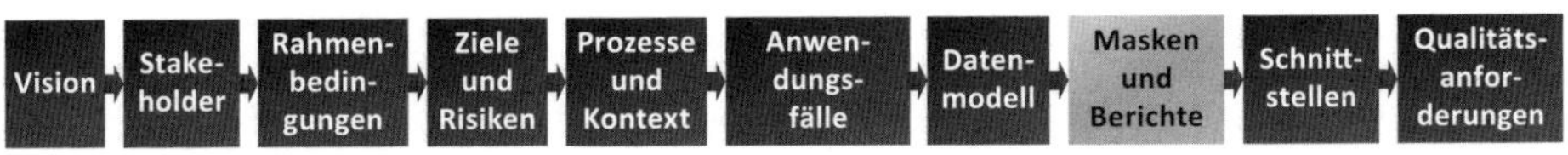

Masken sind ein Teil der Benutzerschnittstelle des Systems. Sie sind das wesentliche Mittel, mit dem die Anwender mit dem System kommunizieren. Bei der Ausführung der Anwendungsfälle verwendet sie der Anwender, um Aktionen zu starten, Systemfunktionen aufzurufen, Daten anzusehen und zu verändern und das System zu steuern.

Masken werden bei oder anschließend an die Spezifikation von Anwendungsfällen diskutiert. Der Anwendungsfall beschreibt dabei, was man mit dem System machen möchte, die zugehörige Maskenspezifikation zeigt, wie diese Interaktion für den Anwender aussieht.

Beim gemeinsamen Entwurf von Masken sollten Sie mehrstufig vorgehen (siehe Abb. 13–1). Legen Sie zuerst die wichtigsten Punkte mit den Stakeholdern fest. Im Anschluss daran erarbeiten Sie daraus einen vernünftigen Vorschlag, wie die Maske tatsächlich aussehen könnte. Hierfür ist es sinnvoll, einen Grafiker hinzuzuziehen, sodass der Maskenentwurf der tatsächlichen Benutzeroberfläche im System möglichst nahe kommt. Diesen Vorschlag diskutieren Sie dann mit den Stakeholdern. Dies spart den Stakeholdern Zeit und führt oft zu besseren und schöneren Masken.

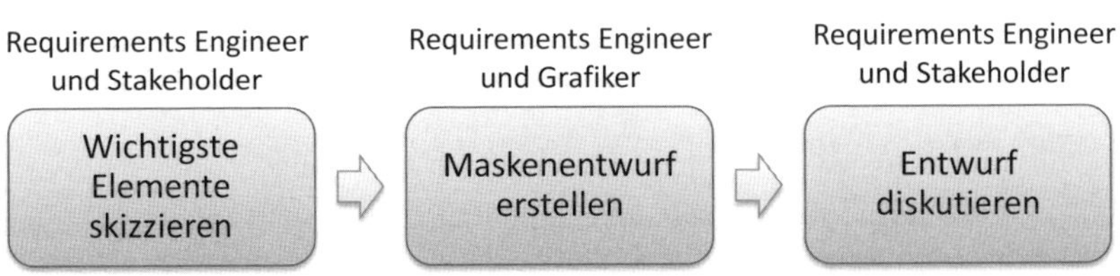

Abb. 13–1 *Masken gemeinsam skizzieren, mit Grafiker einen Vorschlag erstellen und diesen dann wieder gemeinsam diskutieren*

13.1 Masken mit Paper Prototyping skizzieren

Die einfachste Form, Masken zu entwerfen, ist, sie auf Papier zu zeichnen. Das geht schnell, ist einfach zu erlernen und erfordert keine Tools. Bei Papierprototypen ist man gezwungen, sich auf das Wesentliche zu konzentrieren. Bei toolgestützten UI-Prototypen hingegen geht oft viel Zeit für Farbauswahl, Schatten- und 3D-Effekte und pixelgenaue Ausrichtung verloren.

Wenn Sie schnell und geübt im Zeichnen sind, können Sie die Entwürfe direkt im Workshop mit den Stakeholdern erstellen. Dies hat den großen Vorteil, dass Sie nach jedem Strich sofort Feedback einholen können. Der Nachteil, vor allem wenn Sie nicht sehr geübt und schnell sind, ist, dass Ihnen die Stakeholder lange beim Zeichnen zusehen müssen, was natürlich nicht sehr effizient ist.

Verwenden Sie zum Entwerfen von Masken ein Whiteboard oder Papier und Bleistift. Das Whiteboard hat den Vorteil, dass in größeren Gruppen alle mitansehen können, wie die Masken entstehen. Am Whiteboard können Sie schneller Änderungen vornehmen als auf einem normalen Flipchart. Papier begrenzt zwar die Gruppengröße auf so viele Personen, wie um einen Tisch sitzen können. Dafür können Sie die Papierentwürfe weiterverwenden, z.B. um sie zu Abläufen zusammenzustellen (siehe Abschnitt 13.2). Ich persönlich arbeite daher lieber mit Papier und Bleistift in kleineren Gruppen.

Beispiele für Papierprototypen für Masken zu den wichtigsten Anwendungsfällen der Bogenturnier-Anwendung

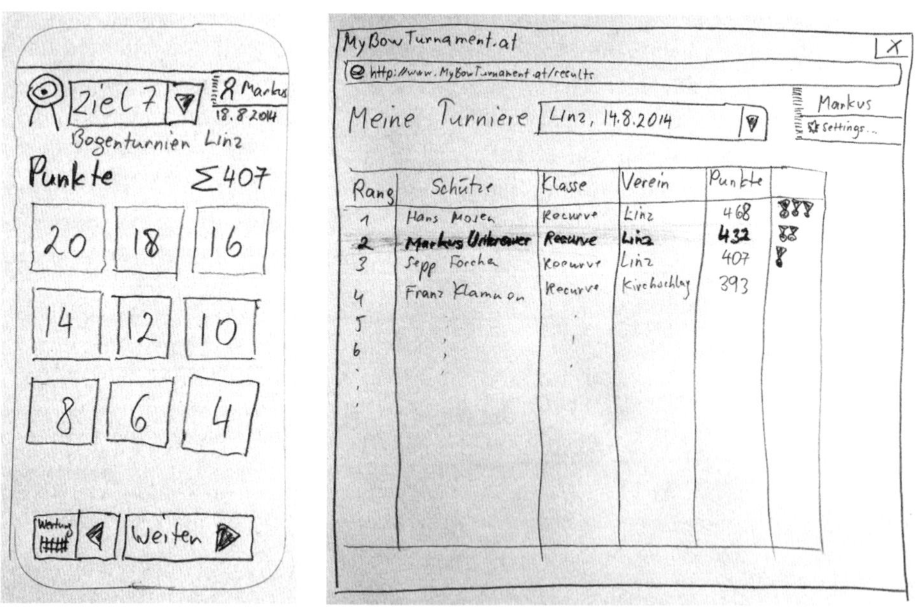

Abb. 13–2 *Papierprototypen für Teile der Smartphone- und der Web-UI*

Beispiel für Notizen zur Punktewertungsmaske

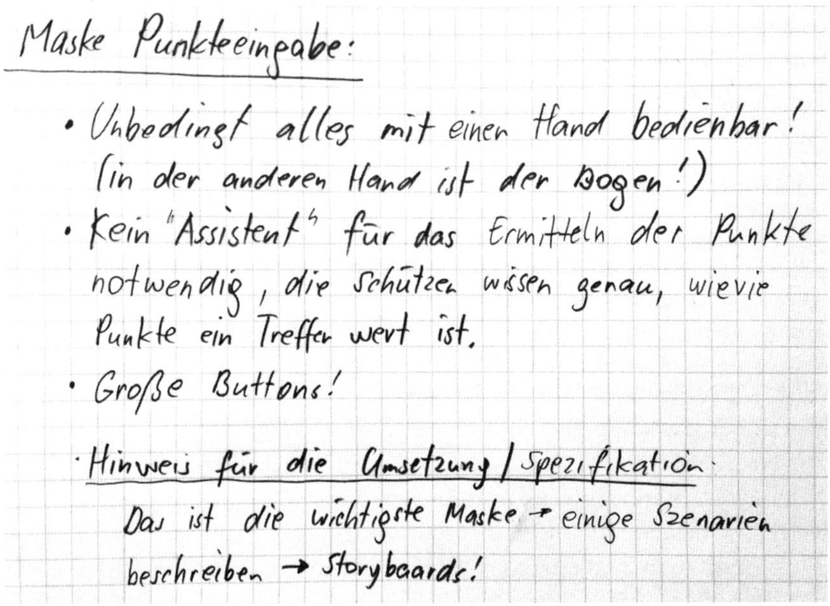

Abb. 13–3 *Zu jeder Maske werden Akzeptanzkriterien notiert.*

Methode	Paper Prototyping
Teilnehmer	■ RE-Kernteam ■ Unbedingt Vertreter der Anwender, egal ob aus dem RE-Kernteam oder Inputgebern
Hilfsmittel	■ Whiteboard und Whiteboard-Marker ■ Block und Bleistift (Radiergummi nicht vergessen)
Gruppengröße	2–5 Personen
Zeitbedarf	30 Minuten je Maske
Vorbereitung	Anwendungsfälle definieren

So entwerfen Sie Papierprototypen für Masken

1. Diskutieren Sie mit den Stakeholdern grundsätzliche Themen zum Maskendesign, z.B. das Basislayout oder wiederkehrende Elemente.
2. Identifizieren Sie gemeinsam mit den Stakeholdern die benötigten Masken. Quellen dafür sind die bei den Anwendungsfällen notierten Maskenideen und alle Schritte in den Use Cases, die Daten erstellen, verändern, suchen oder anzeigen.
3. Priorisieren Sie die Masken nach Wichtigkeit, z.B. mittels Rosinenpickens.
4. Erstellen Sie Skizzen für die wichtigsten Masken. Jede Maske kommt auf ein eigenes Blatt.

5. Beginnen Sie immer mit einem Rahmen ganz außen um das Blatt und schreiben Sie den Maskennamen darüber.
6. Zeichnen Sie die wesentlichen Bereiche auf der Maske ein.
7. Zeichnen Sie Buttons, Menü, Symbole und andere Aktionselemente ein.
8. Füllen Sie am Ende die einzelnen Bereiche auf der Maske mit den Details zu Anzeige- und Steuerelementen.

Grundsätzliche Themen, die alle Masken einer Applikation betreffen:

- Gibt es im Unternehmen UI-Guidelines?
- Soll es eine Standardstruktur für alle Masken geben, z.B. oben eine Menüzeile, links eine Funktionsleiste etc.?
- Gibt es Applikationen, von denen wir uns UI-Elemente abschauen sollen?

... und solche, die Sie für jede Maske besprechen müssen:

- Was ist der Zweck dieser Maske?
- Wer wird sie verwenden? In welchen Anwendungsfällen?
- Welche Informationsblöcke müssen sichtbar sein?
- Welche Funktionen müssen aufrufbar sein?
- Wie kommt man zu dieser Maske? Wie ist die Navigation?

Bei der Beantwortung dieser Fragen werden Sie viele Details zu Funktionen, Regeln etc. erhalten. Notieren Sie diese für die spätere Detailspezifikation der Maske bzw. als Akzeptanzkriterien bei den betroffenen Anwendungsfällen.

Papierprototypen als Testlauf zur Validierung der UI

Sie können die Papierprototypen auch zur Validierung der Benutzeroberfläche verwenden. Erstellen Sie dazu die notwendigen Maskenentwürfe für einen Anwendungsfall. Bitten Sie einen zukünftigen Benutzer den Anwendungsfall mithilfe der Papiermasken durchzuspielen. Ist die Abfolge für ihn stimmig? Sind alle Daten vorhanden, die er braucht? Können alle Daten eingegeben werden? Was könnte man verbessern?

13.2 Storyboard: Ein Anwendungsfall als Comic

Ein Storyboard visualisiert einen Durchlauf durch einen Anwendungsfall aus Sicht der Benutzeroberfläche. Deutlichen Mehrwert für die Empfänger, z.B. die Entwickler, können Sie schaffen, indem Sie zusätzlich zu den Masken selbst auch den Kontext in einem kleinen Comic darstellen. So können Sie visualisieren, in welchem Umfeld und unter welchen Bedingungen die Anwender das System verwenden.

Beispiel für ein Storyboard zu einem Anwendungsfall aus unserer Bogenturnier-Anwendung

»Als Schütze möchte ich meine Punkte erfassen, damit ich am Ende weiß, wie viele Punkte und welchen Platz in der Wertung ich erreicht habe.«

Abb. 13–4 *Storyboard zur Darstellung des Anwendungsfalls und seines Kontexts*

Methode	Storyboard
Teilnehmer	■ RE-Kernteam ■ Unbedingt Vertreter der Anwender, egal ob aus dem RE-Kernteam oder Inputgebern
Hilfsmittel	Block und Bleistift (Radiergummi nicht vergessen)
Gruppengröße	2–5 Personen
Zeitbedarf	45 Minuten je visualisiertem Anwendungsfall
Vorbereitung	■ Anwendungsfälle definieren ■ Papierprototypen für die Masken erstellen

So erstellen Sie ein Storyboard zur Visualisierung eines Anwendungsfalls

1. Zeichnen bzw. kopieren Sie die benötigten Masken für den Anwendungsfall.
2. Bringen Sie die Masken in die richtige Reihenfolge.
3. Füllen Sie die Masken mit Beispieldaten.
4. Ergänzen Sie Skizzen des Verwendungskontexts, also der Umgebung, der Handlungen des Anwenders etc.
5. Prüfen Sie gemeinsam mit den Stakeholdern, ob der Ablauf so möglich und sinnvoll ist.

Etwas aufwendiger, da keine Wiederverwendung bestehender Maskenprototypen passiert, ist das vollständige Neuzeichnen von Storyboards. Dies kann jedoch die bessere Vorgehensweise sein, wenn Sie den Kontext der Anwendung in einem kleinen Comic darstellen wollen. Ein Beispiel hierfür zeigt Abbildung 13–4. Hier sieht man deutlich, warum das User Interface für eine Ein-Hand-Bedienung ausgelegt sein muss. In der anderen hält der Schütze nämlich immer den Bogen.

13.3 Checkliste zur Detailspezifikation einer Maske

Papierprototypen und Storyboards sind ein erster grober Entwurf der Masken. Vielfach wird dies für eine Umsetzung schon ausreichen. In diesen Fällen ist es am einfachsten, wenn Sie die Skizzen direkt abfotografieren und ins Spezifikationsdokument einfügen. Wenn jedoch die Entwickler die Fachdomäne des Kunden nicht genau kennen, sind weitere Angaben zu den Masken notwendig. Die Detailausarbeitung dieser Zusatzinformationen machen Sie am besten in möglichst kleinen Meetings oder Interviews mit wenigen Teilnehmern.

Spätestens in dieser Phase sollte das grafische Design der Masken von einem professionellen Grafiker erstellt werden. Ich habe ein erstes grafisches Design oft schon wesentlich früher in meinen Projekten eingebracht, damit sich die Stakeholder möglichst früh vorstellen können, wie die fertige Software aussehen wird. Eine solche optische Vorabansicht fördert das gemeinsame Verständnis, die Akzeptanz und die Identifikation mit dem neuen System erheblich.

Als ersten Schritt der Detailspezifikation extrahieren Sie gemeinsame Elemente, die auf allen Masken wiederkehren. Beispiele hierfür sind eine Menüleiste, Schnellzugriffssymbole für Funktionen, Standardbuttons etc. Danach besprechen Sie die Detailinformationen zu den Masken.

Die folgende Checkliste soll Ihnen bei der Detailspezifikation der Masken helfen. Ergänzen Sie sie um Fragen, die für Ihr Projekt wichtig sind.

Checkliste für die Detailspezifikation der Masken
Fragen für alle Masken der Applikation
Gibt es im Unternehmen UI-Guidelines, an die wir uns halten müssen?
Verwenden wir allgemein verfügbare UI-Guidelines, z. B. die von Microsoft[a]?
Soll es eine gemeinsame Standardstruktur für alle Masken geben? Ein Beispiel finden Sie in Abbildung 13–5.
Gibt es andere Applikationen, von denen wir uns UI-Elemente abschauen sollen?
Wie lösen wir Standardaufgaben auf allen Masken: ▪ Rückmeldung bei Aktionen ▪ Anzeige von Fehlern ▪ Schließen der Maske ▪ Aufruf der Hilfefunktion
Wie sollen immer wiederkehrende Standardaufgaben aussehen (z. B. Neuanlage, Löschen, Ändern, Speichern, Abbrechen)?
Fragen je Maske
Was ist der Zweck dieser Maske?
Welche Informationsblöcke müssen sichtbar sein?
Was sind die wichtigsten Bereiche?
Wie müssen die Daten visualisiert werden? Muss es spezielle Visualisierungen geben (Diagramme, farbliche Kennzeichnungen, Animationen etc.)?
Wie müssen Daten bei einer Änderung aktualisiert werden?
Welche Funktionen müssen aufrufbar sein?
Wie kommt man zu dieser Maske? Wie ist die Navigation?
Welche Rechte werden benötigt? ▪ Um die Maske aufzurufen? ▪ Um Daten auf der Maske zu verändern? ▪ Um einzelne Aktionen auf der Maske anzustoßen?
Müssen die Masken in mehreren Sprachen angezeigt werden? In welchen?
Muss die Maske ausgedruckt werden können?

→

Checkliste für die Detailspezifikation der Masken
Fragen zu Datenfeldern
Welche Daten sollen angezeigt werden? Wo kommen diese her?
In welchem Format müssen die Daten angezeigt werden (Datenformat, Anzahl Kommastellen, Textlänge etc.)?
Müssen die Daten bearbeitbar sein? In welchen Situationen?
Was ist die maximale Feldlänge?
Welche Datenprüfungen müssen bei der Eingabe durchgeführt werden? Welche erst beim Speichern?
Welche Abhängigkeiten gibt es zu anderen Feldern?
Wo müssen die Daten gespeichert werden?
Fragen zu Listen
Welche Daten müssen angezeigt werden? Wo kommen die Daten her?
In welchem Format müssen die Daten angezeigt werden (Datenformat, Anzahl Kommastellen, Textlänge etc.)?
Müssen die Daten bearbeitbar sein? Welche? In welchen Situationen?
Was ist die maximale Feldlänge?
Muss die Liste sortiert werden können?
Sollen die Daten seitenweise angezeigt werden oder alle auf einmal?
Wie soll eine Suche in der Liste funktionieren?
Müssen die Listeneinstellungen (Sortierung, Filter etc.) gespeichert werden? Pro Benutzer?
Muss die Liste exportiert werden können? In welche Formate?
Fragen zu Aktionselementen (z.B. Buttons, Links)
Welche Aktion soll ausgelöst werden?
Mit welchen Parametern?
Wie soll das Aktionselement beschriftet sein? Ist die Beschriftung datenabhängig und muss aktualisiert werden?
Welche Rechte sind nötig, um die Aktion auszuführen?
In welchen Situationen und unter welchen Bedingungen darf die Aktion nicht ausgeführt werden können?

a. Die UI-Guidelines von Microsoft z.B. für Windows Desktop Apps (»Design apps for the Windows desktop«) finden Sie unter [Microsoft, 2014].

Beispiel für ein Layout-Template für alle Masken des iPhone-Clients der Bogenturnier-Anwendung

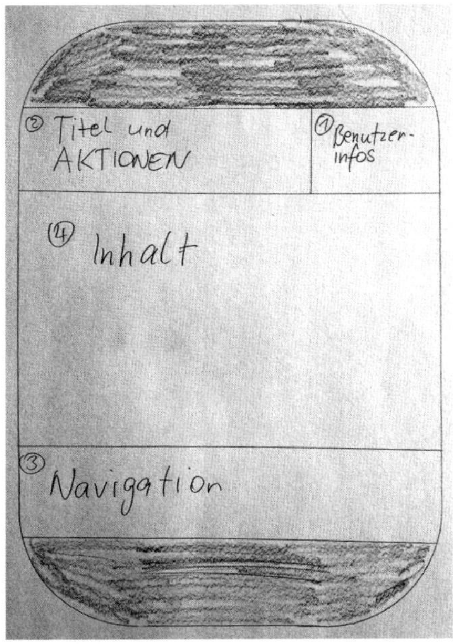

Abb. 13–5 *Ein Layout-Template zur grundsätzlichen Gliederung der UI-Masken*

Beispiel für Regeln für Maskengestaltung der Bogenturnier-Anwendung

Regeln zur Gestaltung der Benutzerschnittstelle für MyBowTurnament
Jede Aktion wird mit einer Rückmeldung bestätigt: ■ Bei Erfolg in der Statusleiste ■ Bei Fehlern als Messagebox
Sämtliche Icons müssen vom Grafiker entwickelt sein. Kein Suchen in Google.
Die Gliederung erfolgt in maximal 2 Überschriftenebenen
Folgende Hervorhebungen im Text sind erlaubt: ■ **Fett** ■ Farbliche Kennzeichnung in grün, braun und rot
In Listen sind Aktionen zu den Elementen immer im Aktionsbereich anzuzeigen, nicht als Aktionen oder Links in der Liste selbst.
...

Fertige Design Guides gibt es für viele UI-Technologien, beispielsweise:

- Apple Design Guide für iOS [Apple, 2014]
- Microsoft Design Guide für Windows Apps [Microsoft, 2014]
- Android Style Guide [Android, 2014]

Nutzen Sie diese als Ausgangspunkt und Vorlage für die Gestaltung Ihres eigenen Design Guide.

14 Berichte

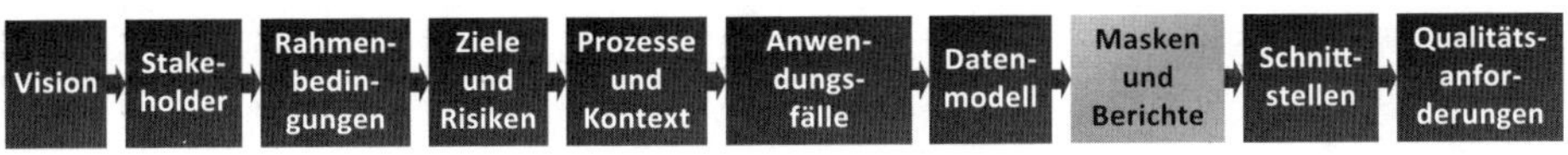

Berichte sind ein Teil der Benutzeroberfläche und dienen der Anzeige und Analyse von Daten. Berichte beinhalten Tabellen, Kennzahlen, Diagramme, Bilder und Texte. In Berichten können in der Regel keine Daten verändert werden. Sie sind nicht nur für die Bildschirmanzeige optimiert, sondern meist auch für den Ausdruck. Technologisch gesehen werden Berichte oft mit anderen Softwaretools erstellt als Masken. Aus diesen Gründen spezifiziere ich sie in meinen Projekten immer in einem eigenen Workshop.

Bei Berichten gilt es, ähnlich wie bei Masken, immer abzuschätzen, wie viel in Workshops gemeinsam mit den Stakeholdern spezifiziert wird und wann es sinnvoller ist, nur die groben Eckpunkte zu definieren und dann erstmal einen Entwurf auszuarbeiten, den man im nächsten Workshop wieder diskutiert. Je besser Sie als Requirements Engineer die Fachwelt der Stakeholder kennen, desto kürzer können Sie die gemeinsame Spezifikation halten und eher dazu übergehen, Vorschläge zu erstellen und diese zu diskutieren. Ihre Stakeholder werden Ihnen für die gesparte Zeit dankbar sein.

Beim Entwurf von Berichten, wie auch bei Masken, habe ich die Erfahrung gemacht, dass sich die Stakeholder meist zu viele Kennzahlen, Tabellen, Diagramme und Ampeln in einem Bericht wünschen. Hier ist es unsere Aufgabe als Requirements Engineer die Stakeholder etwas zu bremsen. Viele Berichte werden zuerst mit Daten vollgestopft, die dann nach und nach wieder entfernt werden, weil sie in der täglichen Praxis doch nicht benötigt werden und eher verwirren als nützen. Beraten Sie Ihre Stakeholder, damit diese herausfinden, was sie wirklich brauchen.

14.1 Berichte mit Excel-Prototypen entwerfen

Sie können Berichte ebenso wie Masken auf Papier entwerfen. Für einen ersten groben Entwurf ist dies sicher eine gute Methode. Sehr gut für den Entwurf von Berichten eignen sich aber auch Tabellenkalkulationsprogramme wie z.B. Microsoft Excel, da Sie hier schnell Beispieldaten erzeugen und Berechnungen simulieren können.

Beispielentwurf für den Bericht zur Turnierauswertung

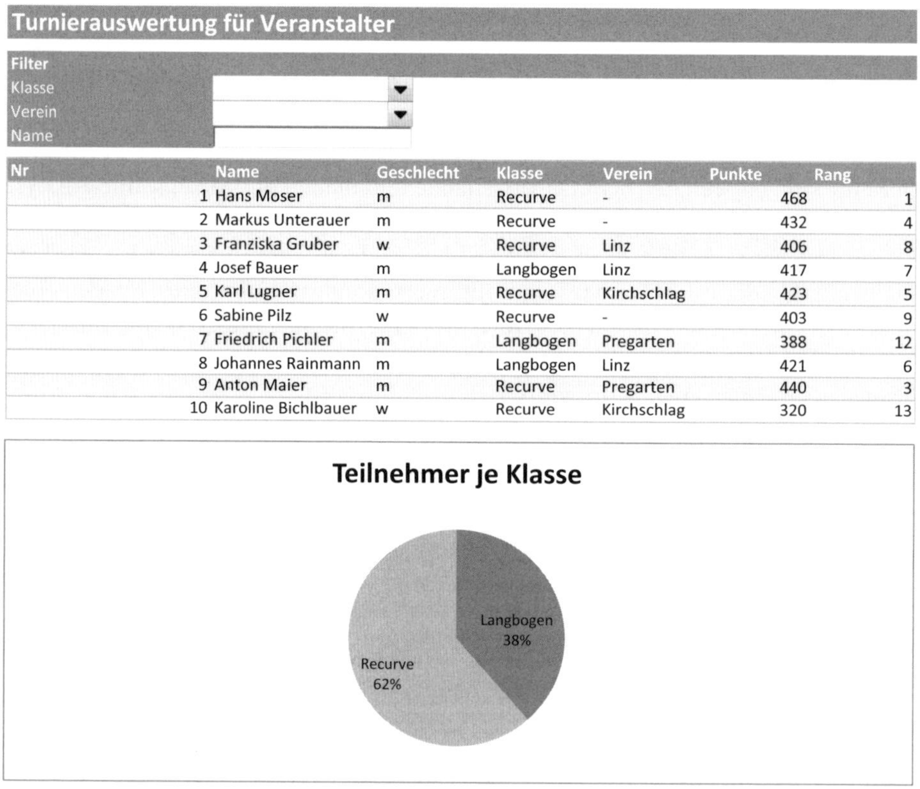

Turnierauswertung für Veranstalter

Filter
Klasse
Verein
Name

Nr	Name	Geschlecht	Klasse	Verein	Punkte	Rang
1	Hans Moser	m	Recurve	-	468	1
2	Markus Unterauer	m	Recurve	-	432	4
3	Franziska Gruber	w	Recurve	Linz	406	8
4	Josef Bauer	m	Langbogen	Linz	417	7
5	Karl Lugner	m	Recurve	Kirchschlag	423	5
6	Sabine Pilz	w	Recurve	-	403	9
7	Friedrich Pichler	m	Langbogen	Pregarten	388	12
8	Johannes Rainmann	m	Langbogen	Linz	421	6
9	Anton Maier	m	Recurve	Pregarten	440	3
10	Karoline Bichlbauer	w	Recurve	Kirchschlag	320	13

Abb. 14–1 *Berichte in Excel entwerfen*

Methode	Excel Prototyping
Teilnehmer	■ RE-Kernteam ■ Vertreter jeder Empfängergruppe von Berichten. Dies können Fachanwender und Vertreter aus dem Management sein.
Hilfsmittel	■ Block und Bleistift (Radiergummi nicht vergessen) ■ Laptop mit Excel und Beamer
Gruppengröße	2–5 Personen
Zeitbedarf	30 Minuten je Bericht
Vorbereitung	■ Anwendungsfälle definieren ■ Die Teilnehmer sollen sich bestehende Berichte ausdrucken.

So verwenden Sie Excel zum Entwurf Ihrer Berichte

1. Diskutieren Sie mit den Stakeholdern das generelle Berichtsdesign. Gibt es im Unternehmen Guidelines für Berichte? Soll es eine Standardstruktur geben wie z.B. fixe Kopf- und Fußzeilen?
2. Identifizieren Sie gemeinsam mit den Stakeholdern die benötigten Berichte. Quellen dafür sind die bei den Anwendungsfällen notierten Berichtsideen oder bestehende Berichte und Formulare.
3. Priorisieren Sie mittels Rosinenpickens die Berichte nach Wichtigkeit.
4. Gehen Sie Bericht für Bericht durch und besprechen Sie mit den Stakeholdern die wichtigsten Eigenschaften. Notieren Sie diese auf dem Blatt, auf dem Sie dann den Berichtsentwurf erstellen, oder in einem elektronischen Protokoll.
5. Erstellen Sie grobe Skizzen für die wichtigsten Berichte. Jeder Bericht kommt auf ein eigenes Blatt.
6. Starten Sie im Anschluss an diese Vorarbeiten Excel und beginnen Sie mit den Tabellen und Bereichen. Entwerfen Sie für diese jeweils zuerst die Überschriften.

   Hinterfragen Sie bei jedem einzelnen Element den tatsächlichen Nutzen. Elemente, die zurzeit gar nicht benötigt, sondern lediglich eingefügt werden, »falls man sie doch einmal braucht«, sollten Sie entfernen.
7. Tragen Sie einige Beispieldaten ein. Nutzen Sie hier Funktionen von Excel zum Kopieren, Generieren und automatischen Ausfüllen.
8. Ergänzen Sie Gruppierungen und Zwischensummen.
9. Setzen Sie die wichtigsten Formatierungen und Hervorhebungen. Eine vollständige Formatierung ist nicht sinnvoll, aber die wichtigsten Punkte sind schnell erledigt.

Die größte Gefahr beim Entwurf mit Excel ist, sich in der Formatierung zu verzetteln. Machen Sie daher diesen Schritt als Letztes und setzen Sie sich dafür ein strenges Zeitlimit, z.B. 10 Minuten.

Wesentliche Informationen zu einem Bericht:

- Was sind **Ziel** und **Zweck** des Berichtes?
- Wer ist die **Empfängergruppe**? Wer wird ihn lesen?
- Soll der Bericht **automatisch verteilt** werden?
- In welchem **Format** soll der Bericht ausgegeben werden?
- Welche **Daten** werden angezeigt? Was sind die **Datenquellen**?
- Was soll in den **Zeilen** dargestellt werden? Was in den **Spalten** und **Zellen**?
- Soll die Liste **sortiert** und **gruppiert** werden? Nach welchen Kriterien?
- Soll es **Zwischensummen** oder andere Aggregate geben?
- Soll es **Filtermöglichkeiten** geben? Nach welchen **Kriterien**?
- Wie sollen Zahlen **formatiert** werden? Was muss hervorgehoben werden?

14.2 Checkliste für jeden Bericht

Für die genaue Feinspezifikation von Berichten gelten in Bezug auf das Vorgehen und die Methoden dieselben Hinweise wie bei Masken. Die folgende Checkliste soll Ihnen bei der Detailspezifikation der Berichte helfen. Ergänzen Sie sie um Fragen, die für Ihr Projekt wichtig sind.

Checkliste für die Detailspezifikation der Berichte
Fragen für alle Berichte der Applikation
Gibt es im Unternehmen Guidelines, an die wir uns halten müssen?
Soll es eine gemeinsame Standardstruktur für alle Berichte geben?
Gibt es Standardelemente wie Logos, Disclaimer etc., die immer angegeben werden müssen? Woher bekommen wir diese Elemente?
Fragen je Bericht
Was ist der Zweck dieses Berichtes?
Wer ist die Zielgruppe? Wer ist Empfänger des Berichtes?
Wo kommen die Daten her? Was sind die Datenquellen?
Welche Informationsblöcke müssen sichtbar sein?
Wie müssen die Daten dargestellt werden? Muss es spezielle Visualisierungen geben (Diagramme, farbliche Kennzeichnungen, Animationen etc.)?
Wie müssen Daten bei einer Änderung aktualisiert werden?
Welche Rechte werden für die Anzeige benötigt?
Muss der Bericht in mehreren Sprachen angezeigt werden? In welchen?
In welchen Formaten muss der Bericht ausgegeben werden können?
Muss der Bericht automatisch an die Empfänger verteilt werden?

→

Checkliste für die Detailspezifikation der Berichte
Fragen zu Kennzahlen und einzelnen Werten
Welche Daten sollen angezeigt werden? Wo kommen diese her?
In welchem Format müssen die Daten angezeigt werden (Datenformat, Anzahl Kommastellen, Textlänge etc.)?
Was ist die maximale Feldlänge?
Fragen zu Listen
Welche Daten müssen angezeigt werden? Wo kommen die Daten her?
Was kommt in die Zeilen? Was in die Spalten? Welche Werte werden in den Zellen angezeigt?
Soll die Liste gruppiert werden? Nach welchen Kriterien?
Sollen Zwischensummen, Mittelwerte und Ähnliches angezeigt werden?
Wie muss die Liste sortiert sein?
In welchem Format müssen die Daten angezeigt werden (Datenformat, Anzahl Kommastellen, Textlänge etc.)?
Fragen zu Filtern
Soll es Filtermöglichkeiten geben?
Nach welchen Kriterien?
Welche davon sind verpflichtend?
Was sind die Standardwerte?
Müssen die Filtereinstellungen gespeichert werden können?
Fragen zur Formatierung
Was muss besonders hervorgehoben werden?
Wie sollen die einzelnen Felder formatiert werden?
Muss es bedingte Formatierungen geben?

15 Schnittstellen

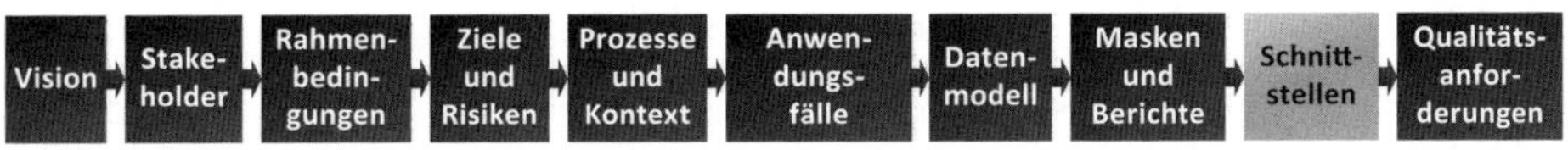

Die meisten Softwaresysteme benötigen neben der Benutzerschnittstelle mit Masken und Berichten noch technische Schnittstellen zu anderen Systemen. Über diese können Daten ausgetauscht und Funktionen aufgerufen werden. Dabei handelt es sind nicht immer nur um einfache Import/Export-Schnittstellen, sondern die Interaktion folgt oft komplexen Protokollen in mehreren Schritten nach klar festgelegten Regeln.

Eine Übersicht über die zu schaffenden Schnittstellen und die darüber laufenden Daten haben wir bereits in Kapitel 10 erstellt. Wie die Schnittstelle eingesetzt wird, haben wir in Kapitel 11 als Schnittstellen-Anwendungsfälle erarbeitet. Nun müssen für jede Schnittstelle genaue Daten, Ablauf und technologische Aspekte spezifiziert werden. Die Spezifikation der Daten können Sie wie beim Systemdatenmodell vornehmen (siehe Kap. 12). Technologie und Ablauf richtet sich meist nach den anzubindenden Systemen.

Schnittstellen müssen sehr genau spezifiziert werden. Die Ermittlung der technischen Detailanforderungen erfolgt dafür am besten nicht mehr in einem großen Workshop, sondern in kleinen Meetings und Interviews mit Experten für die beteiligten Schnittstellen.

15.1 Den Ablauf an einer Schnittstelle beschreiben

Bei komplexeren Schnittstellen können Sie den Ablauf der Interaktion zwischen den Systemen mit einem Sequenzdiagramm beschreiben. Dieses zeigt die beteiligten Systeme und die Reihenfolge der aufgerufenen Schnittstellenfunktionen und übertragenen Daten eines Schnittstellen-Anwendungsfalls.

Beispiel für den Ablauf der Schnittstelle zwischen der Bogenturnier-Anwendung und der Webseite MyBowTurnament.at

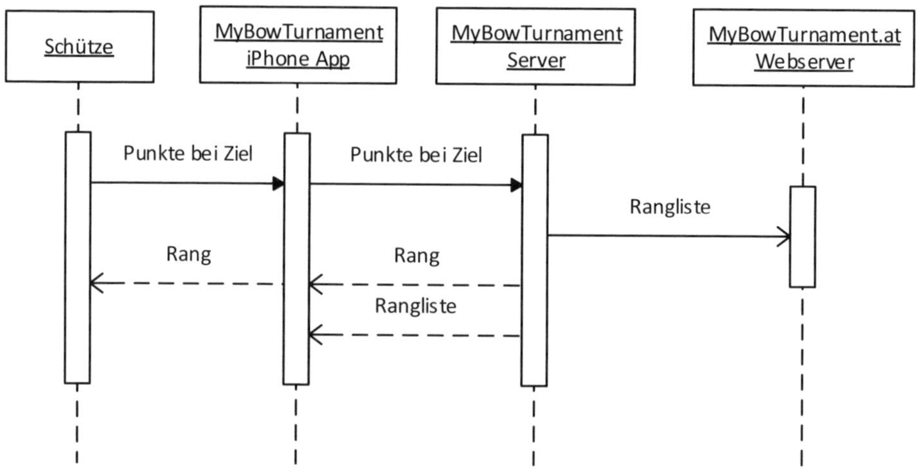

Abb. 15–1 Ablauf von Schnittstelleninteraktionen als Sequenzdiagramm

Beispiel für die technische Detailbeschreibung der Daten zur übertragenen Rangliste

Attribut	Typ	Pflicht	Anmerkungen und Regeln
TurnierTitel	Varchar(500)	Ja	Titel des Turniers
SchuetzeName	Varchar(500)	Ja	Zu- und Vorname, leerzeichengetrennt
Punkte	Int	Ja	Anzahl Punkte des Schützen
Rang	Int	Ja	Gesamtrang des Schützen
Klasse	Varchar(100)	Ja	Klasse, in der der Schütze angetreten ist
KlassenRang	Int	Ja	Rang des Schützen innerhalb der Klasse

Beispiel für zusätzliche Akzeptanzkriterien zur Schnittstelle

- Die Daten werden einmal sofort nach Ende eines Turniers übertragen.
- Es ist mit bis zu 500 Teilnehmern je Turnier zu rechnen.
- Die Datenübertragung erfolgt im XML-Format.
- Fehler, Übertragung und Daten müssen protokolliert werden.
- Es darf maximal 1 Minute dauern, bis die Daten auf der Website sichtbar sind.

Methode	Schnittstellenablauf beschreiben
Teilnehmer	■ RE-Kernteam, ggf. ohne Fachmitarbeiter ■ Inputgeber mit Know-how für benötigte Schnittstellen
Hilfsmittel	Flipcharts und Stifte
Gruppengröße	Maximal 5 Personen
Zeitbedarf	Ca. 60 Minuten je Schnittstelle
Vorbereitung	■ Systemkontextdiagramm (für Akteure und Fremdsysteme) ■ Schnittstellen-Anwendungsfälle ■ Dokumente und Beschreibungen der Fremdsystemseite von Schnittstellen zusammenstellen

So beschreiben Sie Ablauf und Daten einer Schnittstelleninteraktion

1. Priorisieren Sie die Schnittstellen-Anwendungsfälle.
2. Erstellen Sie für jede Schnittstelle ein Datenmodell. Gehen die dazu Schnittstellen-Anwendungsfälle durch und übertragen Sie die dort beschriebenen Daten in ein gemeinsames Datenmodell. Sie können dazu auch mit einem groben Datenmodell auf Basis der in Abschnitt 10.2 erarbeiteten Übersicht beginnen.
3. Erarbeiten Sie danach eine exakte technische Spezifikation der Daten. Wenn für Schnittstellen schon technische Beschreibungen vorhanden sind, können Sie diese heranziehen.
4. Da der Teilnehmerkreis des Meetings sehr klein ist, notiere ich die Details zu den Daten meist direkt in einer Tabelle in Microsoft Word.
5. Beschreiben Sie den Ablauf der Schnittstelleninteraktion mit einem Ablaufdiagramm. Dieses stellt die Funktionsaufrufe und Datenübergaben nach ihrer zeitlichen Ordnung dar. Dies geht am einfachsten direkt in einem Modellierungstool, z.B. Microsoft Visio.
6. Beschreiben Sie die relevanten Eigenschaften und Akzeptanzkriterien für die Schnittstelle gemäß der Checkliste in Abschnitt 15.2.

Elemente für die Darstellung im Ablaufdiagramm

Das hier vorgestellte Ablaufdiagramm ist ein UML-Sequenzdiagramm. Weiterführende Infos finden Sie in [Seidl, Brandsteidl, Huemer & Kappel, 2012].

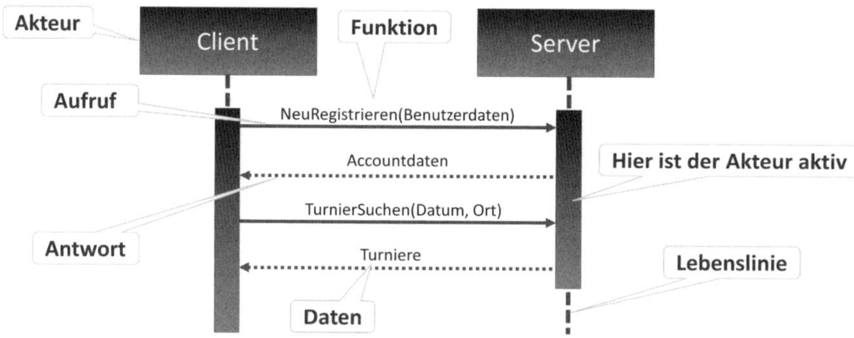

Abb. 15–2 *Sequenzdiagramm für Schnittstellenablauf*

15.2 Checkliste für Schnittstellen

Folgende Checkliste soll Sie bei der detaillierten Spezifikation einer Schnittstelle unterstützen. Ergänzen Sie sie um Fragen, die für Ihr Projekt wichtig sind.

Checkliste für die Detailspezifikation von Schnittstellen
Technologische und Architekturaspekte
Welche Technologie wird verwendet (Webservices, Dateiübertragung etc.)?
Was muss alles konfigurierbar sein?
Gibt es technische Dokumentationen (Übersichtsdokumentation, Dokumentation der Daten und Formate, Dokumentation der API)? Können wir diese bekommen?
Wer konfiguriert Schnittstellenparameter?
Wo werden Daten und Dateien abgelegt?
Auslöser und Aufrufintervall
Wodurch und wie wird die Schnittstelle ausgelöst? Automatisch? Manuell?
Wie oft soll die Schnittstelle ausgelöst werden? Wann genau?
Muss es eine Maske zum Aufruf der Schnittstelle geben?
Ablauf
Wie läuft ein Schnittstellenlauf (Anwendungsfall) ab? Welche Schritte sind notwendig? Mit welchen Parametern?
Wie lange darf ein Durchlauf maximal dauern?

→

Checkliste für die Detailspezifikation von Schnittstellen
Datenmodell und Mengengerüst
Welche Datenobjekte werden ausgetauscht?
Welche Attribute haben diese? Datentyp? Wertebereich?
Welche Beziehungen gibt es zwischen den Daten? Mit welchen Kardinalitäten?
Welche Geschäftsregeln gibt es für die Datenobjekte?
In welchem Format werden die Daten übertragen?
Wie wird mit NULL-Werten umgegangen? Was wird als NULL-Wert übertragen?
Testdaten
Wie können wir zu produktionsnahen Testdaten für die Schnittstelle kommen?
Gibt es ein Testsystem der Schnittstelle aufseiten des Fremdsystems?
Fehlerbehandlung
Welche Fehler können auftreten? Gibt es Fehlercodes?
Wie werden Fehlerinformationen übertragen?
Was soll bei fehlerhaften Datensätzen geschehen? Überspringen und weiter? Abbrechen?
Wer soll bei Fehlern informiert werden? Wie?
Wie sollen Fehler protokolliert werden?
Authentifizierung
Wie erfolgen Login und Authentifizierung an der Schnittstelle?
Wie werden Sessioninformationen gespeichert?
Was soll bei fehlerhafter Authentifizierung passieren?
Protokollierung
Was muss protokolliert werden?
Wie müssen Daten protokolliert werden?
Welche Stufen der Protokollierung (Loglevel) sind notwendig?
Wer sieht das Protokoll an? Muss es dafür einen Bericht in der UI geben?
Wie lange müssen die Protokolldaten gespeichert werden? Wer löscht sie?

16 Qualitätsanforderungen

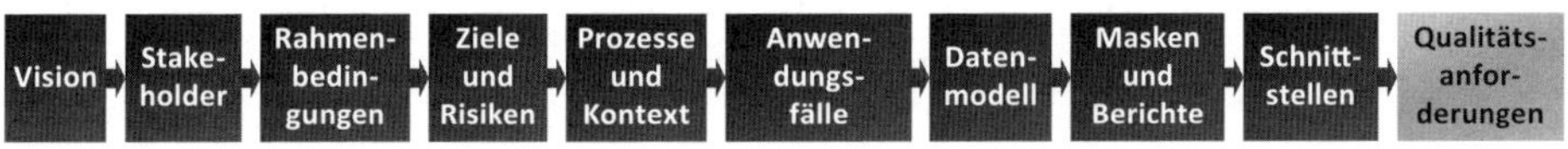

Neben den funktionalen Anforderungen gibt es noch weitere wichtige Systemeigenschaften, die wir ermitteln müssen, nämlich Qualitätsanforderungen [Pohl & Rupp, 2011]. Qualitätsanforderungen beschreiben, in welcher Qualität und mit welchen Eigenschaften das System seine Funktionen zur Verfügung stellen muss. Darunter fallen Eigenschaften wie Performance, Usability, Anpassbarkeit, Datenqualität, Stabilität oder Wiederherstellbarkeit[1]. All diese Themen haben großen Einfluss auf die Architektur. Beispielsweise muss eine Software von Grund auf anders aufgebaut werden, je nachdem, ob man mit 20 gleichzeitigen Anwendern rechnet oder 20.000. Leider werden Qualitätsanforderungen trotzdem in der Praxis häufig vernachlässigt. Auch für Qualitätsanforderungen gilt natürlich, dass sie SMART sein müssen (siehe Kap. 7).

Mit den Qualitätsanforderungen können die Stakeholder vielfach gar nichts anfangen. Zu den meisten haben sie keine Vorstellung, was sie eigentlich brauchen und was das für Konsequenzen hat. Die Stakeholder wünschen sich z.B. einfach mal eine »Reaktionszeit von unter zwei Sekunden auf allen Masken«, was dann eine Verzehnfachung des Aufwands zur Folge hat, obwohl dies gar nicht für alle Masken notwendig wäre.

Ich empfehle Ihnen, möglichst viele Qualitätsanforderungen unternehmensweit für alle Projekte festzulegen und möglichst wenige projektindividuell. Wenn Sie mit den Stakeholdern über Qualitätsanforderungen sprechen, machen Sie immer konkrete Vorschläge. So werden Sie rasch zu einer guten Spezifikation der nicht funktionalen Aspekte des neuen Systems kommen.

---

1. Die ISO hat sich schon viele Gedanken zu den Qualitätsanforderungen gemacht. In der neuen Normenreihe 250xx [ISO/IEC 25000, 2005] und der älteren ISO 9126 [ISO/IEC 9126-1, 2001] werden mögliche Qualitätsanforderungen aufgelistet, strukturiert und Empfehlungen für deren Formulierung und Messung gegeben.

16.1 Qualitätsanforderungen aushandeln

Qualitätsanforderungen sind für viele Fachanwender ein zu softwarespezifisches und scheinbar überflüssiges Thema. Die ersten Schritte in Richtung Spezifikation der Qualitätsanforderungen machen Sie daher am besten ohne die fachlichen Stakeholder in kleinem Kreis. Dafür benötigen Sie ein tiefes Verständnis der Ziele, Bedürfnisse und Anforderungen des Kunden und seiner Umwelt. Die so erarbeiteten Vorschläge gehen Sie dann mit den Stakeholdern durch und ergänzen bzw. korrigieren sie.

Die hier spezifizierten Qualitätsanforderungen sind diejenigen, die das gesamte Projekt betreffen. Bei Anwendungsfällen, Daten, Masken, Berichten und Schnittstellen haben wir bereits die für diese relevanten Qualitätseigenschaften jeweils in den Akzeptanzkriterien mit erhoben.

Beispiele für Vorschläge von Qualitätsanforderungen an die Bogenturnier-Anwendung

Qualitätsanforderungen für MyBowTurnament
Qualität im Einsatz
Effizienz: Das System muss für den Schützen mit einer Hand bedienbar sein.
Effizienz, Komfort: Das System muss die Bedienung der wesentlichen Funktionen, die ein Schütze während eines Turnieres benötigt, ohne Tastatur ermöglichen.
Flexibilität: Das System muss dem Veranstalter die Auswertung der Ergebnisse und Teilnehmer in Excel ermöglichen.
Produktqualität
Zeitverhalten: Das System muss dem Schützen auf jede Aktion und Eingabe binnen maximal 5 Sekunden Feedback geben (Erfolgs- und Fehlermeldung bzw. Rückmeldung, dass Aktion bearbeitet wird).
Kapazität: Das System muss die maximale Antwortzeit bei bis zu 200 gleichzeitig aktiven Benutzern halten. Weitere Angaben zu Datenmengen und Wachstum siehe Datenmodell.
Erlernbarkeit: Das System muss für Schützen selbsterklärend sein, sodass diese ohne Bedienungsanleitung oder Schulung an einem Turnier teilnehmen können.
Schutz vor Anwenderfehlern: Sämtliche Benutzereingaben müssen am Client und am Server validiert werden.
Verfügbarkeit: Das System muss in der Zeit von 06:00 bis 21:00 permanent zur Verfügung stehen. Pro Woche darf es ein fixes Wartungsfenster von 3 Stunden geben, z.B. Dienstags von 19:00 bis 22:00.
Wiederherstellbarkeit: Bei einem Systemabsturz dürfen maximal Daten der gerade laufenden Transaktionen verloren gehen.

→

Qualitätsanforderungen für MyBowTurnament
Produktqualität
Vertraulichkeit: Sämtliche Benutzerpasswörter müssen in der Datenbank mit RSA verschlüsselt abgelegt werden.
Zurechenbarkeit: Sämtliche Aktionsaufrufe müssen mit Benutzer, Datum, Uhrzeit und Aktionsname protokolliert werden. Protokolldaten müssen zwei Wochen gespeichert werden.
Modularität, Anpassbarkeit: Es ist mit vielen Erweiterungen zu rechnen. Jede Maske muss daher als eigenes Modul umgesetzt und unabhängig von anderen Teilen aktualisiert werden können.

Methode	Qualitätsanforderungen ermitteln
Teilnehmer	▪ RE-Kernteam ▪ Erfahrene Entwickler und Architekten können Sie bei Entwurf und Abstimmung gut unterstützen. ▪ Ausgewählte Stakeholder
Hilfsmittel	Liste der Qualitätsanforderungen nach ISO 250XX und Fragestellungen (siehe Abschnitt 16.2)
Gruppengröße	▪ 1–3 Personen für den Entwurf ▪ Maximal 5 Personen für die Abstimmung
Zeitbedarf	90 Minuten
Vorbereitung	Keine

So ermitteln Sie risiko- und zielgetrieben die Qualitätsanforderungen

1. Identifizieren Sie mit Unterstützung erfahrener Stakeholder aus dem RE-Kernteam diejenigen Qualitätsanforderungen, die in Ihrem Projekt ein hohes Risiko in sich bergen oder direkt in den Zielen und der Vision des Projektes genannt werden.
2. Entwerfen Sie Vorschläge für eine Formulierung dieser Qualitätsanforderungen.
3. Stimmen Sie die Vorschläge mit den anderen Stakeholdern ab und ergänzen Sie weitere benötigte Qualitätsanforderungen.

16.2 Checkliste für Qualitätsanforderungen

Die folgende Liste beinhaltet eine Auswahl der Qualitätsanforderungen aus der ISO-Norm 25010/25012, die ich in meinen Projekten verwende, und Ideen für Fragen, die Sie dazu je nach Projekt mit den Stakeholdern diskutieren können. Ich empfehle Ihnen, den Gesamtkatalog an Qualitätsanforderungen der ISO anzusehen und risikogetrieben diejenigen auszuwählen, die für Ihr Projekt relevant sind [ISO/IEC 25000, 2005].

Qualitätsanforderungen nach ISO 25010/12 und Fragestellungen
Qualität im Einsatz
Effizienz - Muss das System Schnellzugriffssymbole, Tastenkürzel etc. bieten? - Muss durchgängige Tastaturbedienbarkeit möglich sein? - Mit wie vielen Klicks muss eine Funktion maximal erreichbar sein? - Muss die Bearbeitung mehrerer Funktionen parallel möglich sein? - Müssen für die Dateneingabe Vorlagen erstellt und Standardwerte definiert werden können?
Komfort - Wie gut muss ein Benutzer sein User Interface anpassen können? - Welche Devices müssen unterstützt werden? Notebook? Smartphone? iPad? - Muss das System Scripting oder Makroaufzeichnung ermöglichen? - Wie einfach muss die Dateneingabe sein? - Muss es Assistenten geben, die durch wichtige Funktionen führen?
Flexibilität - Wie gut müssen Anwender selbst das System für sich anpassen können? - Müssen Daten für Ad-hoc-Analysen z.B. nach Excel exportiert werden? - Wie gut muss das System auf zukünftige Aufgaben vorbereitet sein?
Produktqualität
Zeitverhalten - Wie schnell muss das System bestimmte Aktionen abschließen? - Wie schnell muss es dem Anwender Rückmeldung geben? - Wie lange dürfen Berichte zur Anzeige maximal brauchen? - Soll es ein generelles Timeout für Aktionen geben und wie lange ist dieses?
Ressourceneinsatz - Wie viel Hauptspeicher darf eine Benutzersession verbrauchen? - Wie viel Festplattenspeicher wird je Benutzer benötigt? - Wie viele Prozessoren sind für akzeptable Anwender-Performance nötig? - Welche Bandbreite steht für die Datenübertragung zur Verfügung?
Kapazität (Skalierbarkeit) - Für wie viele Benutzer muss das System ausgelegt sein? - Welche Datenmengen sind zu erwarten? (Siehe Kap. 12)
Erlernbarkeit - Muss es möglich sein, das System ohne Schulung zu verstehen? - Muss es eine Onlinehilfe geben? Muss diese kontextsensitiv sein? - Müssen bekannte UI-Konzepte verwendet werden? - Muss die UI-Sprache je Benutzer ausgewählt werden können?
Schutz vor Anwenderfehlern - Wie müssen Daten bei der Eingabe geprüft werden? - Wie muss das System vor unsicheren Daten geschützt werden? - Welche Fehler müssen selbstständig korrigiert werden? - Müssen fehlerhafte Eingaben protokolliert werden?
Reife - Wie viele Fehler welcher Fehlerklasse sind je Zeiteinheit erlaubt? - Wofür brauchen wir vorbereitete Notfalllösungen, z.B. Papierformulare, und Workarounds?

→

Qualitätsanforderungen nach ISO 25010/12 und Fragestellungen
Produktqualität
Verfügbarkeit ■ Welche Downtime pro Woche ist akzeptabel? ■ Wann darf das System für Wartungszwecke offline sein? ■ Wie informieren wir die Anwender über geplante Offlinezeiten?
Wiederherstellbarkeit ■ Welcher Datenverlust ist akzeptabel? Die Daten einer Minute? Eines Tages? ■ Muss der Benutzer versehentlich gelöschte Daten wiederherstellen können? ■ Wie schnell müssen die Daten wiederhergestellt werden können? ■ Müssen Datensätze oder Tabellen einzeln wiederherstellbar sein?
Vertraulichkeit ■ Müssen Daten verschlüsselt werden? ■ Müssen Funktionen mit einem extra Zugriffsschutz versehen werden? ■ Welche Regeln für Passwörter muss es geben? ■ Wie soll das Berechtigungssystem für Daten und Funktionen aussehen?
Zurechenbarkeit ■ Welche Aktionen müssen protokolliert werden? ■ Wie lange muss das Protokoll aufbewahrt werden? ■ Muss das Protokoll in der Anwendung selbst angezeigt werden können?
Modularität ■ Welche Funktionen müssen in eigene Module strukturiert werden? ■ Müssen einzelne Module unabhängig ein-/ausgeschaltet werden können? ■ Müssen einzelne Module unabhängig aktualisiert werden können?
Analysierbarkeit ■ Wie gut müssen Daten durch das System verfolgt werden können? ■ Wie muss die Protokollierung gestaltet sein? ■ Muss das Protokoll in der Anwendung selbst angezeigt werden können? ■ Muss das System seine Zustände protokollieren? ■ Muss es Berichte zum Systemzustand und zu Fehlern geben?
Anpassbarkeit und Zukunftssicherheit ■ Was muss alles konfigurierbar sein? ■ Was muss applikationsweit einstellbar sein, was pro Benutzer? ■ Wer soll welche Einstellungen vornehmen können? ■ Wie komfortabel muss die Konfiguration sein? ■ Wie gut erweiterbar muss die Architektur für zukünftige Funktionen sein? ■ Wie flexibel müssen neue Module angedockt werden können?
Installierbarkeit ■ Muss das System durch einen Anwender installiert werden können? ■ Wie muss der Update-Prozess aussehen? Automatisch im System?

→

Qualitätsanforderungen nach ISO 25010/12 und Fragestellungen
Datenqualität
Aktualität ■ Wie aktuell müssen berechnete Werte z. B. in Berichten sein? ■ Wie oft müssen Daten aus Fremdsystemen importiert werden? ■ Wie oft müssen Daten an Fremdsysteme exportiert werden?
Genauigkeit ■ Mit welcher Genauigkeit müssen Zahlenwerte gespeichert werden? ■ Wie genau müssen Zeitinformationen gespeichert werden?
Verständlichkeit ■ Müssen Tabellen- und Spaltennamen in Klartext lesbar sein? ■ Dürfen Daten als XML oder BLOBs gespeichert werden?

17 Glossar

Ein Thema, das Ihnen bereits sehr früh im Projekt begegnen wird, sind unbekannte Begriffe. Wenn Sie neu in einem Fachgebiet zu arbeiten beginnen, werden Sie in den ersten Wochen bei vielen Gesprächen zuhören und feststellen, dass Sie eigentlich gar nichts verstehen. Der Grund hierfür ist, dass jede Branche, jedes Unternehmen und jeder Fachbereich seine eigene Sprache entwickelt hat. Wenn Sie diese Fachsprache mit ihren eigenen Begriffen und – schlimmer noch – ihren Abkürzungen nicht kennen, werden Sie Schwierigkeiten haben, Ihr Gegenüber zu verstehen.

Ich erhielt einmal von einem Kunden ein Dokument, voll mit Grafiken, die aus bunten Kreisen und Dreiecken mit dreibuchstabigen Abkürzungen bestanden. Trotz all meiner Erfahrung mit Modellen hatte ich nicht einmal den Hauch einer Ahnung, was ich da vor mir hatte. War es ein Organigramm? War es eine Prozessübersicht? Der Schaltplan des nächsten Produktes? Oder die grafische Darstellung der Melodie der Firmenhymne? Hm. Ich hatte keine Ahnung. Aber Angriff ist die beste Verteidigung. Ich setzte also mein mutigstes Beratergesicht auf und fragte beim nächsten Meeting, was das denn sei. Mein Kunde lachte, klopfte mir auf die Schulter und meinte, dass er mit diesem Dokument neue Mitarbeiter und Berater auf die Probe stellte. Wer sich zu fragen traut, hatte bestanden. Danach erklärte er mir, was es mit den Grafiken auf sich hatte.

Im Requirements Engineering sind solche verwirrenden Grafiken, Abkürzungen und Begriffe ein großes Problem. Für das gemeinsame Verständnis im Projekt ist es notwendig, dass alle dieselbe Sprache sprechen und dieselben Begriffe verwenden.

Ein wichtiges Mittel zur Unterstützung dieser gemeinsamen Sprache ist ein Glossar. Das ist ein Begriffs- und Abkürzungsverzeichnis, in dem alle Fachbegriffe und Abkürzungen gesammelt und erklärt werden. Die dort definierten Begriffe sind natürlich verbindlich von allen zu verwenden.

Am einfachsten ist es, Sie legen sich bereits im ersten Workshop in einem neuen Projekt oder mit einem neuen Kunden eine Glossardatei an. Dazu reicht ein einfaches Word-Dokument, in dem Sie neue Begriffe sofort eintragen. Wann immer Sie dann auf einen neuen Begriff oder eine unbekannte Abkürzung stoßen, bitten Sie die Teilnehmer kurz innezuhalten und den Begriff zu erklären. Notieren Sie dies sofort und fragen Sie so lange nach, bis Sie den Begriff vollständig verstanden haben. Stellen Sie das nach und nach wachsende Glossar allen Projektbeteiligten zur Verfügung und fordern Sie die einheitliche Verwendung der Begriffe in allen Projektdokumenten ein. Vermeiden Sie die Verwendung von Synonymen. Einigen Sie sich für ein Ding auf ein Wort und verwenden Sie dann nur dieses. Also nicht einmal »Benutzer«, einmal »Anwender«, einmal »Akteur« schreiben, sondern immer nur z.B. »Benutzer«.

Mit einem einfachen Glossar sind Sie bestens gerüstet, viele Missverständnisse in Ihren Workshops zu vermeiden. Das Glossar ist auch ein gutes Hilfsmittel beim Erstellen des Datenmodells.

Beispiele für Begriffe aus dem Umfeld der Bogenturnier-Anwendung

- **Barebow (Synonym: Blankbogen)**
  »Ist ein Bogen ohne Visier und ohne Stabilisatoren. Zur Trimmung der Ballance ist das Anbringen spezieller Gewichte am Griffstück erlaubt. Der Bogen muss im entspannten Zustand durch einen Ring mit einem Innendurchmesser von 12,2 cm passen.« [Bogensport, 2014]
- **FITA-Runde**
  »Freiluftdisziplin, bei der je 36 Pfeile auf 4 verschiedene Entfernungen geschossen werden. In der Schützenklasse sind dies 90m, 70m, 50m und 30m, bei den Damen 70m, 60m, 50m und 30m. Insgesamt ergibt das 144 Pfeile.« [Bogensport, 2014]
- **Scheibenpanik (Synonyme: Goldfieber oder Goldangst)**
  »Negative psychische Einstellung des Schützen zum Zielen und Lösen. Kann verschiedene Erscheinungsformen annehmen.« [Bogensport, 2014]
- **Turnier (Synonym: Bogenturnier)**
  »Wettkampf mit Wertung.« [Bogensport, 2014]
- **Ziel (Synonym: Zielpunkt)**
  »Der Punkt, der getroffen werden soll.« [Bogensport, 2014]

PS: Die zu Beginn des Kapitels erwähnte Verwirrungsgrafik meines Kunden war tatsächlich ein Organigramm.

18 Wie geht es nach dem Ermitteln weiter?

In den Workshops wurden Vision, Ziele, Risiken, Anwendungsfälle, Anforderungen, Schnittstellen u.v.m. erarbeitet. Was macht man jetzt mit den Flipchartfotos, den Besprechungsprotokollen, Mindmaps und Skizzen (siehe Abb. 18–1)?

Das hängt stark vom gewählten Vorgehensmodell im Projekt ab. Die in den Workshops gesammelten Informationen müssen ggf. mit weiteren Anforderungen aus Gesetzen, Normen oder anderen Quellen zusammengefügt werden. Je nach Vorgehensmodell wird daraus ein einheitliches Spezifikationsdokument, ein Product Backlog oder Ähnliches erstellt.

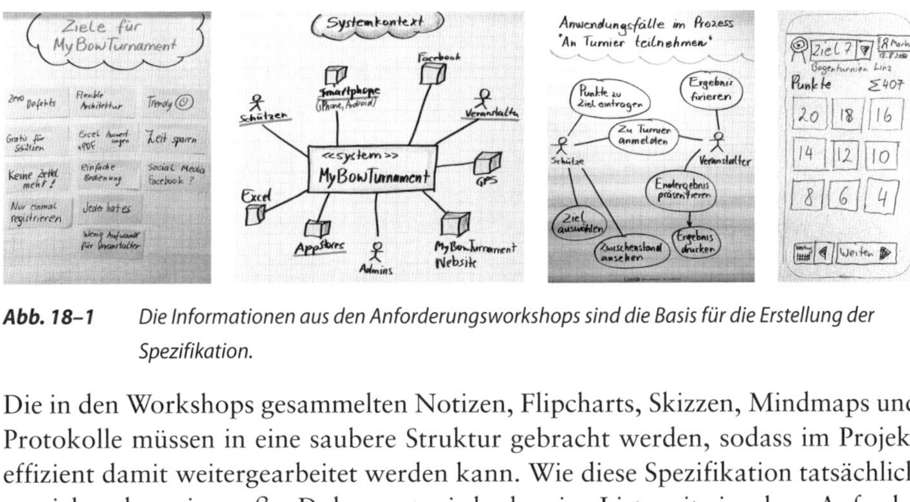

Abb. 18–1 *Die Informationen aus den Anforderungsworkshops sind die Basis für die Erstellung der Spezifikation.*

Die in den Workshops gesammelten Notizen, Flipcharts, Skizzen, Mindmaps und Protokolle müssen in eine saubere Struktur gebracht werden, sodass im Projekt effizient damit weitergearbeitet werden kann. Wie diese Spezifikation tatsächlich aussieht, ob es ein großes Dokument wird oder eine Liste mit einzelnen Anforderungseinträgen, hängt vom Vorgehensmodell ab.

Die folgende Tabelle zeigt, wie Sie die erarbeiteten Informationen beispielsweise in ein integriertes Spezifikationsdokument umarbeiten können:

Gliederung der Spezifikation	Ergebnisartefakt aus den Workshops[a]
1. Einleitung	
1.1. Zweck des Dokumentes	
1.1. Versionshistorie	
2. Ziel und Überblick	
2.1. Vision	Elevator Pitch
2.2. Stakeholder	Stakeholder-Liste*, Kontextdiagramm*
2.3. Ziele	Zieleliste
2.4. Risiken	Risiko-Backlog, Risikodetails
3. Kontext	
3.1. Prozessübersicht	Prozesslandkarte*
3.2. Optional: Istprozesse	Ablaufmodelle*, Prozesskarten
3.3. Sollprozesse	Ablaufmodelle*, Prozesskarten
3.4. Systemkontext	Kontextdiagramm*
4. Funktionen	
4.1. Funktionsüberblick	Anwendungsfalldiagramm*
4.2. Funktionen	Anwendungsfallkarten, Maskenentwürfe*
4.3. Datenmodell	Fachliches Datenmodell, Mengengerüst
4.4. Masken	Papierprototypen*, Storyboards*
4.5. Berichte	Excel-Prototypen*
4.6. Schnittstellen	Ablaufdiagramme*, Beschreibungen
5. Qualitätsanforderungen	Liste der Anforderungen, Mengengerüst
6. Rahmenbedingungen	Liste der Rahmenbedingungen
7. Glossar	Glossardokument

a. Artefakte mit * übernehme ich oft direkt als Foto der Flipcharts in die Spezifikation. Sie können sie natürlich auch in einem Modellierungsprogramm neu zeichnen.

Ist die Spezifikation fertig, muss sie mit allen relevanten Stakeholdern abgestimmt und vor allem auf Korrektheit und Vollständigkeit geprüft werden. Die Anforderungen werden von den Stakeholdern priorisiert, d.h. in die Reihenfolge gebracht, in der sie umgesetzt werden sollen. Diese priorisierte Anforderungsliste ist die Basis für die anschließende Releaseplanung.

Sind diese Schritte abgeschlossen, kann die Umsetzung beginnen. Während der Umsetzung müssen die in jedem Projekt auftauchenden Änderungswünsche erhoben, dokumentiert, geprüft, abgestimmt und ins Projekt eingeplant werden. Der Kreislauf beginnt von Neuem.

Abbildung 18–2 zeigt den Kreislauf, den Anforderungen in einem Projekt unterworfen sind. Es ist leider nicht damit getan, Anforderungen einmal zu ermitteln und umzusetzen. In jedem Projekt kommen laufend neue Anforderungen dazu, müssen bestehende Anforderungen angepasst oder obsolet gewordene Anforderungen ausgeschieden werden.

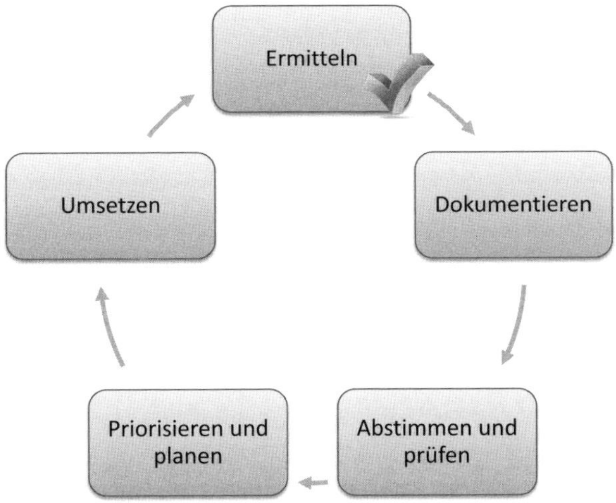

Abb. 18–2 *Nach dem Ermitteln folgt das Dokumentieren, Prüfen und Abstimmen, Priorisieren und Umsetzen der Anforderungen.*

Bei Änderungswünschen (»Change Requests«) ist es ebenso notwendig, Ziel und Nutzen des Änderungswunsches zu kennen, seine Einbettung in die fachlichen Prozesse und den genauen Einsatz durch die Anwender. Betrachten Sie einen Änderungswünsch als kleines Projekt und ermitteln Sie dafür entsprechend Ziele, Risiken, Stakeholder etc. Nur eben etwas kleiner und kürzer.

19 Ein Wort zum Schluss …

Geschafft! Sie haben nun zahlreiche Methoden kennengelernt, um Workshops zur Ermittlung von Anforderungen zu gestalten und zu führen. Das ist ein guter Startpunkt für Ihre eigene Entwicklung als Requirements Engineer und Moderator. Vergessen Sie nicht, jedes Projekt ist anders! Finden Sie Ihren Weg, um Ihre Kunden zu verstehen und herauszufinden, wofür sie die Software brauchen und was sie alles können muss.

Ich würde mich sehr freuen, wenn Sie Ihre Erfahrungen, Tipps, die Fragen, die Sie in Ihren Workshops zu den einzelnen Aspekten von Anforderungen stellen, und alle anderen Anregungen zum Thema Anforderungsworkshops mit mir teilen. Natürlich ist auch jedes Feedback zum Buch selbst sehr willkommen!

Ich wünsche Ihnen und den Teilnehmern an Ihren Workshops viel Spaß und vor allem viel Erfolg beim Umsetzen, Ausprobieren und Weiterentwickeln!

Markus Unterauer
Linz, im Oktober 2014

Anhang

A Beispielmoderationspläne

Die folgenden Beispielmoderationspläne basieren auf der Roadmap aus dem Kapitel 3. Nehmen Sie sie als Anregung für die Zusammenstellung Ihrer eigenen Workshops.

Lassen Sie sich bei der Gestaltung Ihrer Workshops immer von der Regel leiten »Die Zeit der Teilnehmer ist kostbar!« und halten Sie die Workshops so kurz wie möglich.

In den folgenden Beispielmoderationsplänen ist in der letzten Spalte jeweils die Dauer der Session in Minuten angegeben.

A.1 Beispielmoderationsplan Workshop I: Kick-off

Der Kick-off-Workshop ist der Start ins Projekt. Es ist sehr motivierend für alle Teilnehmer, wenn sich auch der Projektauftraggeber Zeit nimmt, dabei zu sein und einige Worte zum Zweck und Nutzen des Projektes zu sagen.

Nr.	Zielsetzung	Methode	Anmerkungen und Vorbereitung	Dauer
Einstieg				
1	Begrüßung und Agenda	Begrüßung durch Moderator; Agenda auf Flipchart durchgehen	Flipchart mit Agenda	10
2	Kennenlernen	Selbstvorstellung der Teilnehmer	Flipchart mit Vorstellfragen	20
Vision entwerfen				
3	Projektidee vorstellen	Vorstellung durch Auftraggeber		15
4	Methode »Elevator Pitch« vorstellen	Moderator erklärt Elevator Pitch und teilt Tipps für Erstellung aus	Flipchart »Elevator Pitch« Liste mit Tipps für Erstellung	5
5	Entwurf erstellen	Teilnehmer erstellen Entwurf	Hintergrundmusik	20

→

Nr.	Zielsetzung	Methode	Anmerkungen und Vorbereitung	Dauer
Vision entwerfen				
6	Präsentation der Ergebnisse	Jeder Teilnehmer liest seinen Entwurf vor		20
7	Pause			15
Stakeholder finden				
8	Stakeholder sammeln	Teilnehmer nennen Stakeholder, Moderator sammelt auf Flipchart	Impulsfragen vorab verschicken	20
9	Stakeholder priorisieren	Rosinenpicken		5
10	Ansprech-personen ergänzen	Moderator geht Stakeholder durch, Teilnehmer nennen Vertreter		10
11	Ziele der Stake-holder ergänzen	Moderator geht Stakeholder durch, Teilnehmer nennen Ziele		15
Ziele festlegen				
12	Methode »SMARTe Ziele« erklären	Moderator erklärt, was Ziele sind und die SMART-Kriterien	Flipchart »SMART-Kriterien«	10
13	Ziele finden	Kartenabfrage		20
14	Ziele sammeln	Teilnehmer pinnen Ziele auf und erklären sie kurz		15
15	Ziele clustern bzw. Pause	Zwei Freiwillige clustern Zielekarten, die anderen machen Pause		15
16	Zieleliste präsentieren	Freiwillige stellen die geclusterten Ziele vor		10
17	Ziele priorisieren	Rosinenpicken		10
Abschluss				
18	Zusammenfas-sung	Moderator fasst die Ergebnisse zusammen		10
19	Ausblick	Moderator gibt Ausblick anhand der Workshop-Roadmap		5
20	Nächste Termine	Alle vereinbaren die nächsten Termine		10
21	Beurteilung	Blitzlicht		10
22	Verabschiedung	Moderator dankt den Teilnehmern und beendet den Workshop		5
Gesamtdauer				**275 (4,5h)**

A.2 Beispielmoderationsplan Workshop II: Ziele und Risiken

Im zweiten Workshop werden die Vision und Ziele, die bereits im ersten Workshop entworfen wurden, überarbeitet und fixiert. Danach werden die Risiken im Projekt behandelt. Es ist sehr wichtig, möglichst früh mit dem Risikomanagement zu beginnen, da ansonsten Gefahren zu spät erkannt werden und Gegenmaßnahmen nicht mehr rechtzeitig eingeleitet werden können.

Nr.	Zielsetzung	Methode	Anmerkungen und Vorbereitung	Dauer
Einstieg				
1	Begrüßung und Agenda	Begrüßung durch Moderator Agenda auf Flipchart durchgehen	Flipchart mit Agenda	10
2	Bisherige Ergebnisse	Moderator umreißt kurz, was bisher geschah	Flipcharts vom letzten Workshop	10
Vision finalisieren				
3	Vision gemeinsam fertigstellen	Moderator zeigt Vision in PowerPoint, Teilnehmer korrigieren, ergänzen und finalisieren den Text	Konsolidierung der Entwürfe PowerPoint mit Vision	30
Ziele fixieren				
4	Ziele überarbeiten	Anhand der Zieleliste aus dem letzten Workshop ergänzen/korrigieren die Teilnehmer die Ziele	Flipchart mit Zielen vom letzten Workshop	30
5	Ziele priorisieren	Rosinenpicken		10
Risiken identifizieren				
6	Methode vorstellen	Moderator erklärt, was Risiken sind		10
7	Risiken finden	Ideenkarussell		20
8	Risikoliste erstellen	Moderator erstellt Risikoliste Teilnehmer haben Pause		30
9	Risiken ergänzen	Moderator geht Checkliste mit Teilnehmern durch und ergänzt Risiken auf Flipchart	Risikocheckliste	25
10	Risiken bewerten	Moderator geht Risiken durch, Teilnehmer bewerten Eintrittswahrscheinlichkeit und Schaden		30
11	Arbeitspakete verteilen	Kleingruppen bilden (2–3 Personen) Risiken mit Schaden ≥ 3 auf Kleingruppen verteilen		10
12	Risiken bearbeiten	Kleingruppen arbeiten Risikokarten aus		40
13	Ergebnisse präsentieren	Jede Kleingruppe stellt ihre wichtigsten Risiken vor		15

→

Nr.	Zielsetzung	Methode	Anmerkungen und Vorbereitung	Dauer
Abschluss				
14	Zusammenfassung	Moderator fasst die Ergebnisse zusammen		10
15	Ausblick	Moderator gibt Ausblick anhand der Workshop-Roadmap		5
16	Nächste Termine	Alle vereinbaren die nächsten Termine		10
17	Beurteilung	Blitzlicht		10
18	Verabschiedung	Moderator dankt den Teilnehmern und beendet den Workshop		5
Gesamtdauer				**310 (5h)**

A.3 Beispielmoderationsplan Workshop V: Anwendungsfälle

Der Workshop für die Bearbeitung der Anwendungsfälle ist ein zweitägiger Workshop. Folgender Moderationsplan gibt den Ablauf eines Tages an und wird entsprechend zweimal abgearbeitet. Die Ausarbeitung der Anwendungsfälle erfolgt in drei Iterationen (siehe Abschnitt 2.3.4).

Nr.	Zielsetzung	Methode	Anmerkungen und Vorbereitung	Dauer
Einstieg				
1	Begrüßung und Agenda	Wie bisherige Workshops	Flipchart Agenda	10
2	Bisherige Ergebnisse	Moderator umreißt, was bisher geschah		10
Anwendungsfälle auflisten und auswählen				
3	Übersicht ergänzen	Moderator zeigt bisherige Anwendungsfallübersicht, Teilnehmer ergänzen	Flipcharts vom letzten Workshop	20
4	Priorisieren	Rosinenpicken		15
5	Gruppen bilden	Kleingruppen bilden (2–3 Personen) Jede Kleingruppe nimmt sich 4–5 Anwendungsfälle als Arbeitsvorrat		15
Anwendungsfälle bearbeiten (in drei Iterationen)				
6	Anwendungsfallkarten erstellen – Iteration I	Wenn Arbeitsvorrat aufgebraucht ist, holt sich Gruppe 4–5 neue Anwendungsfälle	Pause nach Bedarf einbauen	80

→

Nr.	Zielsetzung	Methode	Anmerkungen und Vorbereitung	Dauer
Anwendungsfälle bearbeiten (in drei Iterationen)				
7	Lessons Learned	Die Teilnehmer diskutieren ihre Erfahrungen aus dem Erstellen der Karten		30
8	Mittagspause			60
9	Aktivierungsspiel	z.B. Zahlenchaos		20
10	Anwendungsfall-karten erstellen – Iteration II	Wie Vormittags	Pause nach Bedarf einbauen	80
11	Lessons Learned	Wie Vormittags		15
12	Anwendungsfall-karten erstellen – Iteration III	Wie Vormittags	Pause nach Bedarf einbauen	70
13	Lessons Learned	Wie Vormittags		15
Abschluss				
14	Zusammen-fassung	Moderator fasst Ergebnisse zusammen		20
16	Nächste Termine	Alle vereinbaren die nächsten Termine		10
17	Beurteilung	Koordinatensystem		5
18	Verabschiedung	Moderator dankt Teilnehmern und Ende		5
Gesamtdauer				**480 (8h)**

B Glossar

Aggregat (Synonym: Aggregatfunktion) Aggregate sind berechnete Werte in Tabellen, z. B. Summe, arithmetisches Mittel, Median, Anzahl.

Agile Vorgehensweisen »Das Ziel agiler Softwareentwicklung ist es, den Softwareentwicklungsprozess flexibler und schlanker zu machen, als das bei den klassischen Vorgehensmodellen der Fall ist« [Deutsche Wikipedia, 2014]. Die wesentlichen Leitsätze und Prinzipien sind im Agilen Manifest niedergeschrieben [Beck et al., 2001]. Der bekannteste Vertreter agiler Vorgehensweisen ist Scrum [Schwaber, 1997].

Akteur »Der Akteur ist eine Rolle, die mit dem System interagiert. Die Rolle kann sowohl von einer Person als auch von einem Fremdsystem eingenommen werden. Der Akteur steht außerhalb des Systems.« [Weilkiens, 2014].

Akzeptanzkriterien »Die Akzeptanzkriterien einer Story geben vor, wann die Story fertig ist und einen Mehrwert für den Kunden liefert.« Sie sind die Basis für die Akzeptanztests und die Abnahme der Story durch den Product Owner [Wirdemann, 2011].

Altsystem Ein Altsystem ist ein Softwaresystem, das durch ein neu zu schaffendes System ganz oder teilweise abgelöst wird.

Anforderung Eine Anforderung ist »(1) Eine Bedingung oder Fähigkeit, die von einem Benutzer (Person oder System) zur Lösung eines Problems oder zur Erreichung eines Ziels benötigt wird [oder] (2) Eine Bedingung oder Fähigkeit, die ein System oder Teilsystem erfüllen oder besitzen muss, um einen Vertrag, eine Norm, eine Spezifikation oder andere, formell vorgegebene Dokumente zu erfüllen [oder] (3) Eine dokumentierte Repräsentation einer Bedingung oder Eigenschaft gemäß (1) oder (2).« [Pohl & Rupp, 2011].

Anforderungsermittlung (Synonym: Anforderungserhebung) Die Ermittlung von Anforderungen bedeutet, alle Arten und Ebenen von Anforderungen, Ziele und Bedürfnisse der Stakeholder in einem für die erfolgreiche Abwicklung des Projektes notwendigen Detaillierungsgrad herauszufinden. Anforderungsermittlung bedeutet, den Kunden zu verstehen und zu begreifen, was er macht. Es bedeutet, herauszufinden, wofür er die Software braucht, was sie können muss und wie die wesentlichen Funktionen laufen sollen.

Anwendungsfall (engl.: Use Case) Ein Anwendungsfall ist eine Abfolge von zeitlich und fachlich zusammenhängenden Schritten. Er wird von einem fachlichen Auslöser, z.B. einem Akteur, gestartet und liefert ein für einen Akteur sinnvolles Ergebnis.

Artefakt »Ein Produkt, das als Zwischen- oder Endergebnis in der Softwareentwicklung entsteht« [Deutsche Wikipedia, 2014]. In diesem Buch werden darunter z.B. Sourcecode, Unit-Testfall, Backlog-Eintrag, Kärtchen mit einer User Story, eine Use-Case-Beschreibung, eine fertig definierte Persona oder ein Change Request verstanden.

Attribut »Ein Attribut [...], auch Eigenschaft genannt, gilt im Allgemeinen als Merkmal, Kennzeichen, Informationsdetail etc., das einem konkreten Objekt zugeordnet ist« [Deutsche Wikipedia, 2014].

Backlog Ein Backlog ist eine flache Liste zur Sammlung von Elementen, wie Anforderungen (Product Backlog), Risiken (Risiko-Backlog) etc.

Beziehung Eine Beziehung beschreibt eine »Verknüpfung/Zusammenhang zwischen zwei oder mehreren Entitäten« [Deutsche Wikipedia, 2014].

BLOB (Binary Large OBject) »Binary Large Objects (BLOBs) sind große binäre Objekte wie z.B. Bild- oder Audiodateien« [Deutsche Wikipedia, 2014].

Change Request »Eine Änderungsanforderung bezeichnet im Änderungswesen von Projekten einen formalisierten Wunsch nach Veränderung der Eigenschaften eines bestimmten Produktmerkmals« [Deutsche Wikipedia, 2014].

Datenmodell Ein Datenmodell ist die »formale Abbildung der Informationsobjekte der betrachteten Diskurswelt mittels ihrer Attribute und Beziehungen« [Lackes & Siepermann, 2013].

Datenobjekt (Synonyme: Entität, Relation) Ein Objekt (eine Entität) ist ein »individuell identifizierbares Objekt der Wirklichkeit« [Deutsche Wikipedia, 2014].

Disclaimer »Der Begriff Disclaimer wird im Internet-Recht als Fachausdruck für einen Haftungsausschluss verwendet« [Deutsche Wikipedia, 2014].

Domäne (Synonyme: Fachdomäne, Fachwelt, Fachgebiet) »Als Fachgebiet, Fachbereich oder Fachrichtung werden einschlägige sachbezogene Themenbereiche bezeichnet, die Gegenstand einer inhaltlichen Spezialisierung sind. Das Fachgebiet zeichnet sich durch eine spezifische Fachsprache aus« [Deutsche Wikipedia, 2014].

Fehler (Synonyme: Fehlerzustand, Bug, Defekt) »Defekt (innerer Fehlerzustand) in einer Komponente oder einem System, der eine geforderte Funktion des Produkts beeinträchtigen kann, z.B. inkorrekte Anweisung oder Datendefinition. Ein Fehlerzustand, der zur Laufzeit angetroffen wird, kann eine Fehlerwirkung einer Komponente oder Systems verursachen« [GTB Working Party Glossary, 2013].

Fehlerklasse »Eine Einteilung von aufgedeckten Fehlverhalten und Fehlerwirkungen nach der Schwere der Auswirkungen (aus Anwendersicht)« [Zeta Software GmbH, 2014].

FMEA Die FMEA (Failure Mode and Effects Analysis) ist eine analytische Methode der Zuverlässigkeitstechnik, um potenzielle Schwachstellen zu finden. Potenzielle Fehler werden analysiert, indem der Fehlerort lokalisiert wird, die Fehlerart bestimmt, die Fehlerfolge beschrieben und anschließend die Fehlerursache ermittelt wird [Deutsche Wikipedia, 2014].

Fremdschlüssel »Ein Fremdschlüssel ist ein Attribut oder eine Attributkombination einer Relation, welches auf einen Primärschlüssel (bzw. Schlüsselkandidaten) einer anderen oder der gleichen Relation verweist. [...] Er dient als Verweis zwischen zwei Relationen, d. h., er zeigt an, welche Tupel der Relationen inhaltlich miteinander in Verbindung stehen« [Deutsche Wikipedia, 2014].

Fremdsystem Ein System im Kontext unseres zu entwickelnden Systems, zu dem eine Schnittstelle besteht und mit dem Daten ausgetauscht werden [Englische Wikipedia, 2014].

Full Client Application (Synonym: Fat Client) Ein Full Client ist »ein Computer Client in einer Client-Server-Architektur oder in Netzwerken, welcher typischerweise reichhaltige Funktionen unabhängig vom Server zur Verfügung stellt« [Englische Wikipedia, 2014, Übersetzung des Autors].

Geschäftsprozess Ein Geschäftsprozess, auch Unternehmensprozess oder Business-Prozess genannt, besteht aus einer Anzahl von Aktivitäten, die durchgeführt werden, um die Wünsche eines Kunden zu befriedigen [Balzert, 1998].

Geschäftsregel (engl.: Business Rule) »Der Begriff Geschäftsregel [...] bezeichnet [...] verschiedene Arten von Regeln, die in [...] Computerprogrammen verwendet werden. Man versteht darunter nicht unbedingt eine geschäftliche Angelegenheit, sondern [...] auch ganz elementare technische Sachverhalte [...]«. Geschäftsregeln sind »Vorgaben, die beschreiben, wie sich ein Computerprogramm oder Geschäftsprozess, der durch ein Computerprogramm gesteuert wird, verhalten soll« [Deutsche Wikipedia, 2014].

Human Machine Interface (HMI) Siehe User Interface. Dieser Begriff wird vor allem bei Hardware/Software-Systemen, z.B. Maschinensteuerungen, verwendet.

Informationssystem Ein Informationssystem ist »ein soziotechnisches System, das die Deckung von Informationsnachfrage zur Aufgabe hat. Es handelt sich um ein Mensch/Aufgabe/Technik-System, das Daten (bzw. Informationen) produziert, beschafft, verteilt und verarbeitet« [Deutsche Wikipedia, 2014].

Iterativ Iterativ bedeutet »in der Sprachwissenschaft wiederholend, in der Mathematik/Informatik sich schrittweise in wiederholten Rechengängen der exakten Lösung annähernd« [Deutsche Wikipedia, 2014].

Kunde Ein Kunde ist eine Person oder Organisation, für die wir Anforderungen umsetzen. Kunden können im eigenen Unternehmen angesiedelt sein (interne Kunden) oder externe Unternehmen sein, für die wir als Lieferant auftreten (externe Kunden).

Lessons Learned (Synonym: Retrospektive) Lessons Learned »bezeichnet die schriftliche Aufzeichnung und das systematische Sammeln, Bewerten und Verdichten von Erfahrungen, Entwicklungen, Hinweisen, Fehlern und Risiken in Projekten. Deren Beachtung und Vermeidung kann sich als nützlich für zukünftige Projekte erweisen« [Deutsche Wikipedia, 2014].

Maske (Synonyme: Dialog, Bildschirmmaske) »Dialoge werden eingeblendet, um Eingaben vom Benutzer einzuholen. [...] In der Regel sind Dialogfenster formularartig aufgebaut. Dazu werden Steuerelemente wie Textfelder und Kontrollkästchen verwendet« [Deutsche Wikipedia, 2014].

Meeting (deutsch: Besprechung) Eine Besprechung ist in Abgrenzung zu einem Workshop ein Treffen einer kleinen Zahl von Personen, die gemeinsam ein Thema diskutieren. Ein Meeting kann moderiert sein oder auch nicht, es werden aber kaum unterschiedliche Methoden eingesetzt, das Thema wird relativ frei erörtert.

Methode »Eine Methode beschreibt und begründet den zielgerichteten Einsatz von Instrumenten und Techniken in einem Kontext« [Frauen, 2014].

Moderator »Ein Moderator [...] ist eine Person, die ein Gespräch lenkt oder in einer Kommunikation vermittelt« [Deutsche Wikipedia, 2014].

Primärschlüssel (Synonym: ID) »Ein Attribut oder eine Kombination von Attributen, das bzw. die ein Element (z.B. eine Entität) in einer Menge von Elementen auszeichnet« [Heinrich & Roithmayr, 2009]. Der Primärschlüssel oder die ID dient der eindeutigen Identifikation eines Elementes.

Product Backlog Das Product Backlog ist in agilen Projekten das zentrale Mittel zur Verwaltung von Anforderungen. Es ist eine einfache Liste aller Anforderungen, Aufgaben und sonstigen Elemente, die das Team umsetzen muss, damit das Projekt erfolgreich abgeschlossen werden kann [Bergsmann, 2014].

Product Owner Der Product Owner ist in agilen Vorgehensweisen als Stellvertreter des Kunden für die Anforderungen verantwortlich. Er definiert die Anforderungen im Product Backlog, priorisiert sie und nimmt sie nach der Umsetzung ab. Er trifft alle Entscheidungen bezüglich der Anforderungen und muss daher ständig für das Team verfügbar sein [Bergsmann, 2014].

Projekt »Ein zielgerichtetes, klar definiertes, zeitlich begrenztes, durch Größe, Bedeutung, Komplexität, Neuartigkeit, Einmaligkeit, Kosten und Risiko aus dem üblichen Geschehen herausragendes Vorhaben« ([Heinrich & Roithmayr, 2009] basierend auf DIN 69901).

Prototyp »Ein Prototyp steht für ein lauffähiges Stück Software [...]. Dieser Prototyp dient anschließend oft als Basis für eine bessere Kommunikation [...] über konkrete Dinge (statt abstrakte Modelle). Prototyping bzw. Prototypenbau ist eine Methode, die [...] schnell zu ersten Ergebnissen führt und frühzeitiges Feedback bezüglich der Eignung eines Lösungsansatzes ermöglicht« [Deutsche Wikipedia, 2014].

Prozess (hier Synonym: Geschäftsprozess) »Eine Menge logisch miteinander verbundener, messbarer Tätigkeiten, die für die Schaffung eines spezifischen Ergebnisses für einen Kunden oder Markt durchgeführt werden und die für den Unternehmenserfolg von wesentlicher Bedeutung sind« [Heinrich & Roithmayr, 2009].

Prozesslandkarte Eine Prozesslandkarte »stellt einzelne Geschäftsprozesse in ihren Wechselwirkungen und/oder zeitlichen Beziehungen untereinander grafisch dar« [Deutsche Wikipedia, 2014].

Qualitätsanforderung (Synonym: nicht funktionale Anforderung, NFA) Qualitätsanforderungen legen gewünschte Qualitäten des zu entwickelnden Systems fest und »eine Qualitätsanforderung ist eine Anforderung, die sich auf ein Qualitätsmerkmal bezieht, das nicht durch funktionale Anforderungen abgedeckt wird« [Pohl & Rupp, 2011]. Qualitätsanforderungen haben großen Einfluss auf die Architektur.

Qualitätssicherung (QS) Unter Qualitätssicherung ist jede geplante und systematische Tätigkeit zu verstehen, die innerhalb des Systems verwirklicht wird und die dargelegt wird, um Vertrauen dahingehend zu schaffen, dass eine Einheit die Qualitätsforderung erfüllen wird. Qualitätssicherung ist die Summe aller Maßnahmen, um konstante Produktqualität sicherzustellen [DIN EN ISO 8402:1995-08, 1995].

Rahmenbedingungen (Synonym: Randbedingungen) »Eine Randbedingung ist eine Anforderung, die den Lösungsraum jenseits dessen einschränkt, was notwendig ist, um die funktionalen Anforderungen und die Qualitätsanforderungen zu erfüllen« [Pohl & Rupp, 2011].

Requirements Engineer In diesem Buch verwende ich den Begriff »Requirements Engineer« für jene Person, die federführend für die Ermittlung der Anforderungen und die Moderation der Workshops zuständig ist. Dies kann je nach Projekt und Vorgehensweise der Projektleiter, ein Business Analyst, in agilen Projekten der Product Owner oder Scrum Master, ein Produktmanager oder ein »echter« Requirements Engineer sein.

Requirements Engineering (RE) »Das Requirements Engineering ist ein systematischer und disziplinierter Ansatz zur Spezifikation und zum Management von Anforderungen mit den folgenden Zielen: (1) Die relevanten Anforderungen zu kennen, Konsens unter den Stakeholdern [...] herzustellen, die Anforderungen konform zu vorgegebenen Standards zu dokumentieren und [...] systematisch zu managen.
(2) Die Wünsche und Bedürfnisse der Stakeholder zu verstehen, zu dokumentieren sowie die Anforderungen zu spezifizieren und zu managen, um das Risiko zu minimieren, dass das System nicht den Wünschen und Bedürfnissen der Stakeholder entspricht« [Pohl & Rupp, 2011].

Risiko Ein Risiko ist »die Wahrscheinlichkeit des Eintretens eines unerwünschten Ereignisses [...] und der mit dem Ereignis verbundene Schaden« [Heinrich & Roithmayr, 2009].

Roadmap Eine Roadmap ist ein grober Plan eines Vorhabens. Sie zeigt nur die wesentlichen Aktivitäten oder Meilensteine.

Session Als »Session« bezeichne ich in diesem Buch einen Methodenblock innerhalb eines Workshops. Ein Workshop besteht also aus mehreren Sessions. In jeder Session wird eine Methode angewandt, um ein bestimmtes Ziel zu erreichen.

Sponsor (Synonyme: Auftraggeber, Projektsponsor) Derjenige Stakeholder, der das Geld bereitstellt und die wesentlichen Ziele, Funktionen und den Fertigstellungszeitpunkt bestimmt.

Stakeholder »Ein Stakeholder eines Systems ist eine Person oder Organisation, die (direkt oder indirekt) Einfluss auf die Anforderungen des betrachteten Systems hat« [Pohl & Rupp, 2011]. Dies sind Anwender, Sponsor, Manager, Entwickler, Tester, Architekten, Supportmitarbeiter und viele mehr.

Spezifikation (Synonym: Anforderungsspezifikation) Eine Anforderungsspezifikation ist ein Dokument, das spezifizierte Anforderungen enthält, d.h. Anforderungen, die definierten Spezifikationskriterien entsprechen. Eine Anforderungsspezifikation ist jede mehr oder weniger formale Darstellung von Anforderungen, die die Verständigung zwischen den Stakeholdern erleichtert [Pohl & Rupp, 2011]. Unter »Spezifikation« wird auch der Vorgang der Erstellung der Anforderungsspezifikation verstanden.

System Ein System ist eine Gesamtheit von Elementen, die so aufeinander bezogen sind und in einer Weise wechselwirken, dass sie als eine aufgaben-, sinn- oder zweckgebundene Einheit angesehen werden können und sich in dieser Hinsicht gegenüber der sie umgebenden Umwelt abgrenzen [Deutsche Wikipedia, 2014].

Systemkontext (Synonym: Kontext) »Der Systemkontext ist der Teil der Umgebung eines Systems, der für die Definition und das Verständnis der Anforderungen [...] relevant ist« [Pohl & Rupp, 2011].

Technik »Eine Technik beschreibt die Art des Einsatzes eines oder mehrerer Instrumente« Ein Instrument ist dabei ein »Mittel zur Erzeugung einer Wirkung bzw. zur Durchführung einer Aktivität«. »Eine Methode beschreibt und begründet den zielgerichteten Einsatz von Instrumenten und Techniken in einem Kontext« [Frauen, 2014].

Timebox »Timeboxing ist eine Technik der Projektplanung. Eine Timebox ist hierbei ein fester Zeitrahmen für das Projekt oder einen Vorgang im Projekt. [...] Der Vorgang wird nach der festgelegenen Dauer abgeschlossen, auch wenn nicht alle geplanten Inhalte des Vorgangs abgeschlossen werden konnten. Noch offene Teile werden in eine nachfolgende Timebox verschoben oder gestrichen« [Deutsche Wikipedia, 2014].

Tupel »Der Begriff Tupel wird in der Informatik für geordnete Wertesammlungen (eindimensionale Arrays) und – insbesondere in der relationalen Algebra – als Synonym für Datensatz verwendet. Seine Werte werden Attribute (Datenfeld) genannt« [Deutsche Wikipedia, 2014].

Usability (Synonym: Gebrauchstauglichkeit) »Gebrauchstauglichkeit bezeichnet nach EN ISO 9241-11 das Ausmaß, in dem ein Produkt, System oder ein Dienst durch bestimmte Benutzer in einem bestimmten Anwendungskontext genutzt werden kann, um bestimmte Ziele effektiv, effizient und zufriedenstellend zu erreichen« [Deutsche Wikipedia, 2014].

User Interface (UI, Synonym: Benutzeroberfläche) Das User Interface umfasst »alle Bestandteile eines interaktiven Systems (Software oder Hardware), die Informationen und Steuerelemente zur Verfügung stellen, die für den Benutzer notwendig sind, um eine bestimmte Arbeitsaufgabe mit dem interaktiven System zu erledigen« (ISO 9241-110).

User Story (Synonym: Story) »Eine User Story ist eine kurze Absichtserklärung die etwas beschreibt, was das System für den Anwender tun soll« [Leffingwell, 2011].

Validierung Validierung ist die Bestätigung durch Bereitstellung eines objektiven Nachweises, dass die Anforderungen für einen spezifischen beabsichtigten Gebrauch oder eine spezifische beabsichtigte Anwendung erfüllt worden sind [Europäisches Komitee für Normung, 2008]. Zentrale Prüffragen sind: »Ist das System gebrauchstauglich? Haben wir das richtige System gebaut?«

Verifikation Verifikation ist Bestätigung durch Bereitstellung eines objektiven Nachweises, dass festgelegte Anforderungen erfüllt worden sind [Europäisches Komitee für Normung, 2008]. Zentrale Prüffragen sind: »Haben wir das System spezifikationskonform gebaut? Haben wir das System richtig gebaut?«

Vision Die Vision beschreibt, warum ein Projekt unternommen wird und was der gewünschte Zustand ist [Schwaber, 2004].

Visualisierung »Mit Visualisierung oder Veranschaulichung (Sichtbarmachen) meint man im Allgemeinen, abstrakte Daten (z. B. Texte) und Zusammenhänge in eine graphische bzw. visuell erfassbare Form zu bringen« [Deutsche Wikipedia, 2014].

Wasserfallmodell »Das Wasserfallmodell ist ein lineares (nicht iteratives) Vorgehensmodell, insbesondere für die Softwareentwicklung, das in Phasen organisiert wird. Dabei gehen die Phasenergebnisse wie bei einem Wasserfall immer als bindende Vorgaben für die nächsttiefere Phase ein« [Deutsche Wikipedia, 2014].

Whiteboard »Die weiße Tafel des Whiteboards [...] hat eine spezielle, glatte Oberfläche aus weißem Kunststoff oder weiß emailliertem Metallblech, auf der mit speziellen Filzstiften geschrieben wird. [...] Das Geschriebene lässt sich mit einem trockenen Schwamm oder auch einem Tuch leicht abwischen« [Deutsche Wikipedia, 2014].

Workshop Er ist ein »Instrument, mit dem die Teilnehmer Lösungsansätze für ein bestimmtes Thema erarbeiten. Die Gruppe wird dabei von einem Leiter oder Moderator unterstützt« [Lehrstuhl für Personal und Führung, 2011].

XML (Extensible Markup Language) »Die Extensible Markup Language [...], abgekürzt XML, ist eine Auszeichnungssprache zur Darstellung hierarchisch strukturierter Daten in Form von Textdateien« [Deutsche Wikipedia, 2014].

Ziel Ein Ziel ist ein künftig angestrebter definierter Zustand. Ziele sind konkret gefasst und sollen klar messbar formuliert sein [Bergsmann, 2014].

C Literatur

Die Gesamtliteraturliste für dieses Buch umfasst ca. 90 Bücher und sonstige Quellen. Sie finden Sie ab der nächsten Seite. Zuvor möchte ich Ihnen die aus meiner persönlichen Sicht wichtigsten Literaturempfehlungen mitgeben. Es sind dies diejenigen Bücher und Quellen, aus denen ich am meisten gelernt habe:

- ***»Visualisieren leicht gemacht: Talentfrei Zeichnen lernen und professionelle Flipcharts erstellen« von Brigitte Seibold.***
  Geniales Buch, mit dem auch beidseitige Linkshänder wie ich schnell beeindruckende Flipcharts gestalten lernen. Dieses Buch habe ich in jedem Workshop dabei.
- ***»Visualisieren, Präsentieren, Moderieren« von Josef Seifert.***
  Super Grundlagenbuch zum Thema Workshops gestalten. Vieles daraus ist in mein Kapitel 2 »Workshops moderieren als Basistechnik« eingeflossen.
- ***»Coaching Agile Teams« von Lyssa Adkins.***
  Dieses Buch behandelt nicht direkt das Moderieren von Workshops, es vermittelt aber eine großartige, durchaus mit Demut verbundene Grundhaltung für die eigene Entwicklung als Moderator und Coach.
- ***»Writing Effective Use Cases« von Alistair Cockburn.***
  Das Buch zu Use Cases schlechthin.
- ***»Systems Engineering mit SysML/UML« von Tim Weilkiens.***
  Sehr gutes Buch zum Thema Anforderungsermittlung mit einem anschaulichen Praxisbeispiel. Einige Methoden in meinem Buch stammen aus Tims Buch.
- ***»SCRUM Development Process« von Ken Schwaber.***
  Scrum liefert einige sehr gute Ideen, wie man iterative Prozesse gestalten kann. Zum Beispiel ist die Idee, Retrospektiven in Workshops einzubauen, von Scrum abgeschaut.

Es lohnt sich sicher, sich in das eine oder andere Buch genauer einzulesen. Viel Spaß dabei!

Gesamtliteraturliste

Adkins, L. (2010). *Coaching Agile Teams.* Addison-Wesley.

Alexander, I. & Beus-Dukic, L. (2009). *Discovering Requirements.* Wiley.

Alexander, I. & Maiden, N. (2004). *Scenarios, Stories, Use Cases.* John Wiley & Sons.

Ambler, S. & Lines, M. (2012). *Disciplined Agile Delivery (DAD).* IBM Press.

Android. (2014). *developer.android.com.* https://developer.android.com/design/style/index.html.

Apple. (2014). *Designing for iOS 7.* https://developer.apple.com/library/iOS/documentation/UserExperience/Conceptual/MobileHIG/index.html#//apple_ref/doc/uid/TP40006556.

Balzert, H. (1998). *Lehrbuch der Software-Technik.* Spektrum Akademischer Verlag.

Beck, K. (2001). *Manifesto for Agile Software Development.* http://agilemanifesto.org/.

Bergsmann, J. (2014) (Unter Mitwirkung von J. Unterauer). *Requirements Engineering für die agile Softwareentwicklung.* Heidelberg: dpunkt.verlag.

Bogensport, S. U. (09 2014). *Bogensport Lexikon.* http://sv-union-bogensport.magix.net/Lexikon.htm.

Brown, W. et al. (2007). *Anti Patterns.* Heidelberg: Redline.

Buxton, B. (2007). *Skeytching User Experiences.* Elsevier.

Cockburn, A. (2000). *Writing Effective Use Cases.* Addison-Wesley.

Cockburn, A. & Highsmith, J. (2002). *Patterns for Effective Use Cases.* Addison-Wesley.

Cohn, M. (2004). *User Stories Applied.* Addison-Wesley Professional.

Cooper, A. (1999). *The Inmates Are Running the Asylum.* Sams.

Cziharz, T. et al. (2014). *Handbuch der Anforderungsmodellierung nach IREB Standard.* IREB e.V. (www.ireb.org).

DeMarco, T. (2001). *Spielräume.* München: Carl Hanser Verlag.

DeMarco, T. & Lister, T. (2003). *Bärentango.* München: Carl Hanser Verlag.

DeMarco, T. (1998). *Der Termin.* München: Carl Hanser Verlag.

Derby, E. & Larsen, D. (2006). *Agile Retrospectives.* The Pragmatic Programmers.

Deutsche Wikipedia. (2014). *wikipedia.de.* (Wikipedia) http://de.wikipedia.org/wiki.

DIN EN ISO 8402:1995-08. (1995). *Quality management and quality assurance – Vocabulary.* DIN/ISO.

Dirnbauer, K. (2000). *Usability.* Wien.

Ebert, C. (2014). *Systematisches Requirements Engineering*. Heidelberg: dpunkt.verlag.

Englische Wikipedia. (2014). *wikipedia.com*. http://en.wikipedia.org/wiki.

Europäisches Komitee für Normung. (2008). *EN ISO 9001-2008 Qualitätsmanagementsysteme – Anforderungen*. Wien: Österreichisches Normungsinstitut.

Frauen, B. (2014). *Methoden – Techniken – Instrumente*. http://erwachsenenbildung.at/themen/lernwerkstatt/meth_tech_instr.php.

Freund, J. & Rücker, B. (2012). *Praxishandbuch BPMN 2.0*. München: Carl Hanser Verlag.

Gause, D. & Weinberg, G. (1989). *Exploring Requirements*. Dorset House.

Gottesdiener, E. (2002). *Requirements by Collaboration*. Addison-Wesley.

Grau, R. & Lauenroth, K. (kein Datum). *Requirements Engineering and Agile Development*. IREB e.V. (www.ireb.org).

GTB Working Party Glossary (2014). *GTB® Standardglossar der Testbegriffe*. http://www.german-testing-board.info.

Hass, K. et al. (2008). *Getting It Right*. Management Concepts.

Heinrich, L. J. & Roithmayr, F. (2009). *Wirtschaftsinformatik-Lexikon*. München/Wien: Oldenbourg Verlag.

Higuera, R. & Haimes, Y. (1996). *Software Risk Management*. University of Virginia.

Hindel, B., Hörmann, K., Müller, M. & Schmid, J. (2009). *Basiswissen Software-Projektmanagement*. Heidelberg: dpunkt.verlag.

IREB, C.-A. (2012). *IREB Certified Professional for Requirements Engineering – Elicitation and Consolidation, Advanced Level – Lehrplan*. IREB e.V. (www.ireb.org).

IREB, C.-F. (2010). IREB *Certified Professional for Requirements Engineering – Foundation Level – Lehrplan*. IREB e.V. (www.ireb.org).

ISO/IEC 25000. (2005). Software engineering – Software product Quality Requirements and Evaluation (SQuaRE). ISO/IEC.

ISO/IEC 9126-1. (2001). *Software Engineering – Product Quality – Part 1: Quality Model*. ISO/IEC.

Klee, O. (2006). *Spielereader*. http://www.spielereader.org/spielereader.pdf.

Kobryn, C. (2001). *Introduction to UML: Structural and Use Case Modeling*. http://www.omg.org/news/meetings/workshops/presentations/embedded-rt2002/02-1_Kobryn_UML_Tutorial.pdf.

Kovacs, K. (2014). *Software project best practices checklists*. http://kkovacs.eu/software-project-best-practices-checklist.

Lackes, R. & Siepermann, M. (2013). *Datenmodellierung.* http://www.enzyklopaedie-der-wirtschaftsinformatik.de/wi-enzyklopaedie/lexikon/daten-wissen/Datenmanagement/Daten-/Datenmodellierung.

Leffingwell, D. (2011). *Agile Software Requirements.* Pearson Education.

Lehrstuhl für Personal und Führung. (15. 02 2011). *Wiki des Lehrstuhls für Personal und Führung.* (Universität Lüneburg) http://www.uni-lueneburg.de/personal_fuehrung/index.php/Workshop, 10.07.2014.

Maedche, A., Botzenhardt, A. & Neer, L. (2012). Software for People. Heidelberg/Berlin: Springer-Verlag.

Microsoft. (2014). *Design apps for the Windows desktop.* http://msdn.microsoft.com/en-us/windows/desktop/aa511258.aspx.

Moore, G. (2006). *Crossing the Chasm. Marketing and Selling Disruptive Products to Mainstream Customers.* Collins Business Essentials.

Nam Kha Pham. (kein Datum). *Zehn Kooperationsregeln für Ihren Workshop.* http://www.experto.de/b2b/personal/mitarbeiterfuehrung/kooperationsregeln-fuer-ihren-workshop.html.

Osborn, A. (1979). *Applied Imagination.* Charles Scribner's Sons.

Peterßen, W. H. (2009). *Kleines Methoden-Lexikon.* München: Oldenbourg Schulverlag.

Pichler, R. (2014). *Agiles Produktmanagement mit Scrum.* Heidelberg: dpunkt.verlag.

Pohl, K. & Rupp, C. (2011). Basiswissen Requirements Engineering. Heidelberg: dpunkt.verlag.

Poppendieck, M. & Poppendieck, T. (2003). Lean Software Development. Addison-Wesley.

Rachow, A. (2012). *Spielbar III.* managerSeminare Verlag.

Richter, M. (2013). *Usability Engineering kompakt: Benutzbare Produkte gezielt entwickeln.* Heidelberg/Berlin: Springer-Verlag.

Rosenberg, M. (2013). *Gewaltfreie Kommunikation.* Junfermann Verlag.

Rüping, A. (2013). *Dokumentation in agilen Projekten.* Heidelberg: dpunkt.verlag.

Rupp, C. & die SOPHIST (2014). *Requirements-Engineering und -Management.* München: Carl Hanser Verlag.

Schwaber, K. (1997). *SCRUM Development Process.* Burlington.

Schwaber, K. (2004). *Agile Project Management with Scrum.* Microsoft Press.

Seibold, B. (2012). *Visualisieren leicht gemacht: Talentfrei Zeichnen lernen und professionelle Flipcharts erstellen.* Offenbach: Gabal Verlag.

Seidl, M., Brandsteidl, M., Huemer, C. & Kappel, G. (2012). *UML@Classroom.* Heidelberg: dpunkt.verlag.

Seifert, J. W. (2010). *Der Moderationszyklus nach Josef W. Seifert.* http://www.moderationszyklus.de.

Seifert, J. W. (2014). *Visualisieren, Präsentieren, Moderieren.* Offenbach: Gabal Verlag.

Shore, J. (2007). *The Art of Agile Development.* O'Reilly Media.

Spillner, A. et al. (2014). *Praxiswissen Softwaretest – Testmanagement.* Heidelberg: dpunkt.verlag.

Stadlbauer, A. (2011). *Kreative Flipchartgestaltung.* Linz: Trauner Verlag.

Stiehl, V. (2013). *Prozessgesteuerte Anwendungen entwickeln und ausführen mit BPMN.* Heidelberg: dpunkt.verlag.

Süsens, C. (2010). *Sequenzdiagramm.* http://suesens.info/blog/wp-content/uploads/2010/11/Sequenzdiagramm.pdf.

Talab, A. & Bischofberger, P. (2013). *Der Meistermoderator.* comeon Verlag.

Tripathy, K. (2012). *General checklist for the development project.* http://de.slideshare.net/keshav2011/general-checklist-for-the-development-project.

Tusche, W. & Autengruber, I. (1999). *Reden und Überzeugen.* Verlag des österreichischen Gewerkschaftsbundes.

Unterauer, M. (2012). *Entwicklung einer Risikomanagementmethode für kleine und mittlere Softwareunternehmen.* Linz: Diplomarbeit.

Versteegen, G. et al. (2004). *Anforderungs-Management.* Heidelberg/Berlin: Springer-Verlag.

Vigenschow, U. & Schneider, B. (2012). *Soft Skills für IT-Berater.* Heidelberg: dpunkt.verlag.

Vigenschow, U., Schneider, B. & Meyrose, I. (2014). *Soft Skills für Softwareentwickler.* Heidelberg: dpunkt.verlag.

Wallmüller, E. (2004). *Risikomanagement für IT- und Software-Projekte.* München: Carl Hanser Verlag.

Weilkiens, T. (2014). *Systems Engineering mit SysML/UML.* Heidelberg: dpunkt.verlag.

Wicke, T. (2000). *Meetings.* Fuldaer Verlagsagentur.

Wiegers, K. (2005). *Software-Requirements.* Unterschleißheim: Microsoft Press Deutschland.

Wikipedia. (2014). *wikipedia.de.* (Wikipedia) http://de.wikipedia.org/wiki.

Wirdemann, R. (2011). *Scrum mit User Stories.* München: Carl Hanser Verlag.

Wolf, H. & Bleek W.-G. (2011). *Agile Softwareentwicklung.* Heidelberg: dpunkt.verlag.

Zellinger, A. (2012). *Seminar: Basis Moderations- und Präsentationstechniken.* Linz: Institut für Soziale und Interkulturelle Kompetenz der JKU Linz.

Zeta Software GmbH (2014). *Softwaretest-Glossar.* http://www.zeta-test.com/de/glossar-f.html#a1569.

Index

2014, 298 Seiten, gebunden
€ 34,90 (D)
ISBN 978-3-86490-149-2

Johannes Bergsmann

Requirements Engineering für die agile Software-entwicklung

Methoden, Techniken und Strategien

Unter Mitwirkung von Markus Unterauer

Dieses Buch gibt einen praxisorientierten Überblick über die am weitesten verbreiteten Techniken für die Anforderungsspezifikation und das Requirements Management in agilen Projekten. Es werden sinnvolle Anwendungsmöglichkeiten und auch die Fallstricke der einzelnen Techniken dargestellt. Behandelt werden weiter Qualitätsaspekte für Anforderungen im agilen Umfeld, rechtliche und wirtschaftliche Aspekte, die Zusammenhänge in größeren Organisationen und im sicherheitskritischen Umfeld sowie der zweckmäßige Einsatz von Werkzeugen für das agile Requirements Engineering und Management.

dpunkt.verlag

Wieblinger Weg 17 · 69123 Heidelberg
fon 0 62 21/14 83 40
fax 0 62 21/14 83 99
e-mail hallo@dpunkt.de
http://www.dpunkt.de

3., korrigierte Auflage 2011,
192 Seiten, gebunden
€ 29,90 (D)
ISBN 978-3-89864-771-7

Klaus Pohl · Chris Rupp

Basiswissen Requirements Engineering

Aus- und Weiterbildung nach IREB-Standard zum Certified Professional for Requirements Engineering Foundation Level

Der »Certified Professional for Requirements Engineering« hat sich als international standardisiertes Aus- und Weiterbildungsprogramm etabliert. Dieses Lehrbuch ist das erste für die Zertifizierung zum Foundation Level, geschrieben von Mitgliedern des International Requirements Engineering Board (IREB), die den Lehrplan mit entwickelt haben. Es umfasst Grundlagenwissen in den Gebieten Ermittlung, Dokumentation, Prüfung und Verwaltung von Anforderungen und eignet sich zum Selbststudium sowie als Begleitliteratur zu Schulungen.

»Das Buch vermittelt kurz und knackig alle relevanten Lehrinhalte und bereitet den Leser optimal auf die Prüfung vor.« (chip.de zur 1. Auflage)

dpunkt.verlag

Wieblinger Weg 17 · 69123 Heidelberg
fon 0 62 21/14 83 40
fax 0 62 21/14 83 99
e-mail hallo@dpunkt.de
http://www.dpunkt.de